지은이 실비아 부어스타인!

심리학박사이자 심리치료사이기도 한 저자는 미국 저역을 돌며 명상법과 불교 철학에 관한 지도자로 활동했다. 자서로는 《예야있기 참선 지침서이 Don't Just Do Something, Sit There》와 붓다의 가르침과 선을 중교에 접목시킨 That's Funny You Don't Look Buddhist/ On Being a Faithful Jew and a Passionate Buddhist》등이 있다.

옮긴이 권국성

반 역가 및 인터넷 지문가로 활동하고 있으며, 옮긴 책으로는 《어느 광인의 이야기》,《칼릴 지브란》, 《과학에세이》,《아이작 아시모프》,《아인슈타인의 꿈 (앨런 라이트맨)》, 《이중나선 (왓슨 등)》 등이 있다.

생각보다 쉽다
행복으로 나아가는 불교의 가르침

It's Easier Than you Think:The Buddhist Way to Happiness
Copyright 1995 by Sylvia Boorstein
Korea language edition arranged Harper Collins
through Eric Yang Agency, Seoul
Korea Translation Copyright 2002 by Theory and Praxis Publishing Co
이 책의 한국어판 저작권은 에릭양 에이전시를 통해 Harper Collins사와 독점계약으로
도서 출판 이론과 실천에 있습니다. 신저작권법에 의해 한국 내에서 보호를 받는
저작물이므로 무단 전제와 무단 복제를 금지합니다.

처음 찍은날 · 2002년 5월 8일 / 처음 펴낸날 · 2002년 5월 13일
지은이 · 실비아 부어스타인 / 옮긴이 · 권국성 / 펴낸곳 · 이론과실천 / 펴낸이 · 김태경
등록 · 서울시 제10-1291호
주소 · 121-110 서울시 마포구 신수동 448-6 한국출판협동조합내
전화 · 02 714-9800 팩시밀리 · 02 702-6655

값 8,000원
ISBN 89-313-9104-8 03220 잘못 만들어진 책은 바꾸어 드립니다.

생각보다 쉽다
행복으로 나아가는 불교의 가르침

실비아 부어스타인 지음 | 권국성 옮김

이론과실천

차례

남편이자 가장 좋은 평생 친구 세이머에게 이 책을 바칩니다   **8**

I 정신적인 삶은 신비한 것이 아니다   **11**
정신적인 것은 평범함 가운데 있다   12
잘 헤쳐나가기   14
깨달음   16
깨어남에는 종파가 없다   18

II 행복으로 이르는 길 | 붓다의 기본 가르침   **21**
기본 지혜 | 코리 씨와 나의 할아버지   22
첫 번째 진리 | 고통은 어쩔 수 없으나 받는 것은 선택이다   26
두 번째 진리 | 집착하면 고통받는다   30
세 번째 진리 | 신나는 소식   33
선불교의 3대조와 버클리의 1대조   35
$3\frac{1}{2}$번째 진리   39
마음은 아직도 사로잡혀   41
네 번째 진리 | 여덟 겹의 원   44
올바른 이해 | 내 친구 알타와 "변화"   46
올바른 뜻 | 달라지는 연습을 하자   49
로나의 할머니   51

메리 케이와 양파 53

콜린과 수녀원 55

올바른 행동 57

할아버지와 오렌지 58

긍정적이고 올바른 행동 | 비행기 응급처치 59

비행기 응급처치 | 나의 실수 60

비행기 응급처치 | 나의 행동 수정 62

올바른 말 | 누군가에게 약속하면 그 약속이
영원할 수도 있다 64

한걸음 더 나아간 올바른 말 연습 | 내가 말하는 것이
침묵을 지키는 것보다 나은가? 67

올바른 직업 | 필과 다림질 71

올바른 노력 | "기억하세요. 행복하세요" 73

올바른 집중 | 충격 완화장치 77

올바른 깨어있기 | 내 아버지와 잃어버린 성궤를 찾아서 80

III 명료한 인식에 대한 방해물 83

래리 킹과 요가 수행자 84

앨버커키의 마음 87

불안정한 마음상태의 몇 가지 메뉴	**90**
수프와 포크	**92**
욕망	**94**
욕망에 대한 대책 ｜ 이브가 들려 준 잘만의 이야기를 실비아가 불교식으로 바 꾼 이야기	**101**
혐오	**103**
"그건 내 벤치란 말이야!"	**109**
나태와 무기력감	**111**
산란	**114**
과이마스 해변의 여인	**117**
덜 겁먹으면 잘 대처할 수 있다	**121**
회의	**125**
번뇌의 합병증 ｜ 포도 풍선껌	**132**
IV 명료하게 꿰뚫어보기 ｜ 지혜와 자비	**137**
자연 그대로의 마음상태	**138**
삼나무도, 불타는 딸기나무도 없어	**140**
경험의 세 가지 특징	**144**
밴 운전기사	**146**

아니카 | 일시적	**148**
이 또한 지나가리	**149**
편안한 상태로 오래 머무는 것은 없다	**150**
두카 | 불만족	**151**
무의미하다 해도 버섯은 중요하다	**154**
아나타 | 공허	**155**
우주적 관점, 지역적 관점	**156**
재봉틀 기사 | 자신의 사연을 잊기	**159**
승화된 정신 상태	**162**
자비	**163**
내 시아버지와 대고모 사라	**165**
세상의 모든 사람을 사랑하는 것이 가장 쉬운 방법이다	**167**
연민	**170**
자연스런 행동으로서의 너그러움	**174**
함께 기뻐하는 마음	**177**
평정심에는 모든 것이 가득하다	**180**
지난 일은 지난 일	**182**
옮긴이의 말	**184**

남편이자 가장 좋은 평생 친구 세이머에게 이 책을 바칩니다

친구 마르타 레이에게 너무나도 감사하다. 타자를 쳐 주고 또 원고를 고쳐 주고 용기를 북돋아 주며, "잘 썼어, 실비아!"와 "그건 앞에서도 쓴 거야" 하는 충고의 말을 알맞게 섞어 주어 글쓰는 일이 내내 즐거웠다. 고마워요, 마르타.

잭 콘필드와 조셉 골드스타인, 그리고 샤론 잘츠버그는 내게 불교를 가장 많이 가르쳐 준 스승이다. 그분들의 가르침과 뒷받침, 우정에 감사한다.

내게 배우고 있는 학생들 전부, 특히 내 이야기를 듣고, 듣고 또 들어줌으로써 어느 이야기가 도움이 되는지를 알게 해 준 수요일 아침반 학생들에게 감사한다.

"실비아, 당신에게는 독특한 목소리가 있어요" 하고 말해 준 샤론 르벨과, 내가 들려 준 이야기로 멋진 그림을 그려 주며 "책을 써요, 지금" 하고 말해 준 마리 스타인에게 감사한다.

나는 내 부모님인 해리와 글래디스 쇼를 감사하게 기억하고 있다. 두 분은 내게 생각하고 웃는 법을 가르쳐 주셨다.

CHAPTER 1 정신적인 삶은 신비한 것이 아니다

정신적인 것은 평범함 가운데 있다

몇 년 전 나는 한 도시에서 참선을 지도한 적이 있었다. 그때 내가 지내기로 한 집주인이 미리 전화를 걸어 식사를 준비하는 데 특별히 신경을 써야 하는 부분이 있는지 물어 왔다. 나는 신경 써 준 것에 감사를 표하며 내 기호를 설명해 주었다. 아침을 많이 먹지 않는 편이지만 대신 커피를 매우 즐긴다고 이야기하자, 그는 무척이나 놀란 목소리로 "커피를 드신다구요?" 하며 되묻는 것이었다. 나는 방금 내가 한 말이 내 스스로 이단자임을 자처하는 것으로 들렸겠구나 싶었다. 나는 내가 커피를 마신다는 사실을 우아하게(정신적 지도자라는 내 이미지를 깨지 않는 방식으로) 설명하느라 다소 애를 먹어야 했다.

"정신적인 삶"을 기묘하게 해석하는 사람들이 많다. 내 사무실 벽에 만화가 하나 걸려 있는데, 음식점에서 저녁을 함께 하는 두 사람에 대한 내용이다. 한 사람이 다른 사람에게 말한다. "자네가 정신적인 걸 추구하는 사람이 아니라 천만 다행이야." 공감한다. 의식적으로 거룩해지려다 보면, 곁길로 빠져들어 "정신적 인물"이라는 역할만을 해내기 위해 노력하는 경우가 아주 많다.

친한 친구 중에 한 사람은 참선 지도자로서 점점 더 인정을 받아 갈수록 미식축구를 좋아한다는 사실에 대해서도 보다 편하게 밝힐 수 있게 되었다고 말한다. 그는 자신이 미식축구의 열광적인 팬이라고 인정하면서 텔레비전 앞에 앉아 마치 경기장에 앉아 있는 듯 열광적으로 응원한다고 말했다. 미식축구에 대한 그의 태도는 "잘 하는 팀 이겨라" 하는 냉정한 태도가 아닌 것이다. 나는 그가 놀라우리 만치 이해력이 뛰어난 사람이라는 사실을 알고 있다. 그런데도 그는 보통 세계 속의 보통 사람으로 행동한다. 참선을 하고 마음의 평정을 추구한다고 해서 괴짜가 되는 것은 결코 아니다.

나는 이 책의 제목을 책을 쓰기 훨씬 이전부터 염두에 두어 왔다. 사실 이 책을 쓰게 된 동기는 정신적인 생활을 그렇게까지 거창하게 생각할 필요는 없다는 점을 알려 주고 싶어서이다. 일부 사람들은 직업을 아예 그쪽으로 바꾸기도 하고 공동체나 수도단체에 들어가기도 한다. 또 어떤 사람들은 식생활을 바꾸기도 하고 독신생활을 하기도 한다. 이런 방법은 모두 사람에 따라 깨달음을 얻는 데 아주 좋은 도구가 되지만, 그렇게 사는 것이 바로 정신적인 삶이라는 뜻은 아니다.

어떤 사람들은 다른 도구를 택하기도 한다. 이 책에서 선택한 주요 도구인 깨어있기mindfulness는 눈에 보이지 않는다. 깨어있기, 즉 현재의 경험을 의식이 깨어 있는 상태에서 균형 있게 받아들이는 것은 붓다의 가르침에서 가장 핵심적인 부분이다. 이 책은 불교 입문서로 쓴 것이지만, 처음부터 기죽을 필요는 없다. 여러분이 생각하는 것보다는 훨씬 쉬울 것이다.

잘 헤쳐나가기

이 책을 쓰게 된 계기는 이렇다.

한번은 미국 불교 참선 지도자들 모임에 나간 적이 있다. 미국에서 깨어있기 참선법을 가르치는 지도자들은 일 년 중에 적어도 한 번 이상 모여서 며칠 동안을 함께 지내곤 한다. 우리는 일정을 세워 우리가 가르치는 내용에 대해 서로의 의견을 주고받는다. 물론 개인적인 이야기를 나누는 시간도 따로 마련된다. "금년에는 어떤 일이 있었어요?" "어떻게 지내고 계서요?" 우리는 앉은 차례대로 돌아가며 각자 어떻게 지내고 있는지 이야기한다.

사람들이 하는 이야기를 듣고 있자니 나는 문득 한 가지 생각이 떠올랐다. 그들 모두 "무척 만족스러워요", "잘 지내고 있습니다", "참 행복해요" 하는 식으로 이야기하고 있었지만, 이야기 내용은 한결같이 일반적인 삶에 관한 것들뿐이었다. 그들 모두 일반적인 '질풍노도의 삶을 살고 있었던 것이다. 애정 문제가 있는 사람도 있었고, 노부모 문제도 있었으며, 자식이 중병에 걸린 사람도 있었고, 또 다른 사람은 또 다른 어떤 어려움에 직면하고 있었다. 하지만 모두가 정도는 달라도 "괜찮은 편입니다" 또는 "상당히 만족하고 있습니다" 하고 말하는 것이다. 그렇다고 그들이 자신에게 닥친 문제에 맞서 분투하고 있지 않다는 뜻은 아니다. 더욱이 자신의 문제를 초월하여 아무런 고통도 느끼지 않기 때문에 잘 지내고 있다고 말하고자 하는 것도 아니었다. 이들은 실제로 분투하고 있었고, 고통과 고민이 큰 경우도 많았다. 그럼에도 다들 잘 지내고 있었다. 나는 주위를 둘러

보면서 이렇게 생각했다. "우리는 모두 잘 헤쳐 나가고 있구나."

잘 헤쳐 나간다는 것은 결코 시시한 일이 아니다. 나는 내 스스로 잘 헤쳐 나가고 있다는 생각에 만족하며 산다. 적어도 10년이나 20년 전 여유 하나 없이 또는 의기소침해서 지내던 때보다는 훨씬 좋아졌다. 누구나 어떤 방식으로든 헤쳐 나간다. 살아서 지금 이 책을 읽는 사람이면 누구나 어떻게든 헤쳐 나온 것이다. 설사 아주 잘 헤쳐 나오지는 못했더라도 상관은 없다. 그럭저럭이라도 헤쳐 나오고 있다면 그것은 대단한 것이다.

깨달음

내가 참선을 시작한 1970년대 초는 참선이 한창 유행하던 시절이었다. 너도나도 참선을 시도했고, 주말이면 매번 새로운 형태의 참선 방법을 지도하는 모임에 찾아갈 수 있을 정도였다. 이런 모임 대개가 주말 동안이면 완전한 깨달음에 이를 수 있다는 식의 광고를 했다.

한번은 그런 모임에 참가했는데, 솔직히 내가 느끼기에는 일반적인 파티와 별 차이가 없었다. 사람들은 웃으며 이야기를 나누기도 하고 이야기 상대를 찾아다니느라 분주했다. 그런데 유독 한 여자만이 복잡한 군중들 사이에서 특이하게도 눈을 감은 채 앉아 있는 것이 아닌가. 그녀는 주변이 전혀 신경 쓰이지 않는 듯 무척이나 평온한 표정이었다. 그때 누군가가 내게 넌지시 말했다. "저 여자 좀 봐. 깨달음을 얻었어." 그 말을 듣고 나는 이렇게 생각했다. "깨달음이 저런 거라면 별로 달갑지 않은데…"

그때 내가 원했던 것은 색다른 능력이었다. 적어도 한동안은 그랬다. 동시에 두 장소에 있을 수 있는 능력이 있다거나 공중에 떠오를 수 있는 사람들이 있다는 이야기를 들은 적이 있었다. 실제로 가끔씩은 방석을 깔고 앉아 있다가 갑자기 몸이 가벼워지는 것을 체험하기도 했다. 나는 곧 공중에 떠오를 것이라고 상상했고, 그러기를 바랐다. 앉은 채 공중으로 떠오른다는 것은 생각만 해도 굉장한 일이 아닌가!

나의 이런 바람은 할아버지께서 들려 주신 할머니에 대한 이야기에서도 영향을 받은 것 같다. 할머니는 내가 아홉 살 되던 해에 돌아가셨다. 나는 할머니를 병약한 여자로 알고 있었지만 할아버지의 기억 속에서는 언제까지나 열여덟 아리따운 새색시로 남아 있다. 너무나도 아름다워 "어둠 속에서도 빛이 났다"고 하셨다. 그게 정말이냐고 물으면 할아버지는 이렇게 대답하셨다. "암, 정말 그랬지. 내 조카 머리 폭스의 결혼식이었는데, 전기가 들어오기 전이라 식장에는 가스등이 켜져 있었지. 실내는 상당히 어두웠는데, 사람들이 다들 이렇게 말했단다. '피셀의 아내 좀 봐. 어둠 속에서 빛이 나!'라고 말이야." 나는 그게 밝고 아름다운 추억이며, 사랑하는 사람의 기억 속에 그런 모습으로 남을 수만 있다면 더 바랄 게 없다고 생각했다. 내가 참선을 행하면서 바란 것은 어둠 속에서 빛나는 것이었다. 초기에는 우리 가운데에 요술을 바란 사람들이 많았던 것 같다.

1977년부터 내게 불교 참선을 가르쳐 준 스승들은 깨달음에 대해서 말했지만 요술에 대해서는 말하지 않았다. "명료한 인식 seeing clearly"에 대해, 그것이 어떻게 행복이 되며 고통의 끝이 될 수 있는지에 대해 말했을 뿐이다. 바로 그런 것이 내가 바란 것이며, 바로 그런 것이 내가 바란 요술인 셈이다.

깨어남에는 종파가 없다

　　내가 아는 종교는 모두 진리에 눈뜨는 방법에 대해 설파한다. 내가 아는 모든 종교는 진리를 직접 경험함으로써 자유로워지고 평화로워지며, 우리가 세상에 동정심을 베풀게끔 한다고 약속한다. 진리를 알면 행복을 얻는다.

　　깨어있기 수행과 메타metta(자비) 수행은 어느 종교에서도 금하는 법이 없다. 이 때문에 이들은 모든 종교적 전통에서 받아들일 수 있는 명상(참선)의 도구가 된다. 의식이 깨어 있는 상태, 명료한 인식, 연민, 너그러움, 이해심 - 이런 것들은 모든 사람이 추구하는 정신적 노정의 한가운데에 있다.

　　시나리오 내가 수련회에 참석하던 초창기에는 참가하려는 사람이 대단히 많았다. 백 명쯤 되는 사람들이 매사추세츠 주 바르의 한 선원禪院에 모여 집중적으로 깨어있기 참선을 수행했다. 수행은 침묵 속에 진행되었으므로 복장 차이 말고는 누가 어떤 사람인지 구별할 수 없었다.

　　그렇게 침묵 속에 생활하고 수행하면서 여러 날이 지났다. 오렌지색 가사를 걸친 테라바다Theravada 승려, 전통적인 선도禪道 차림을 한 선도 사람들, 티벳승과 비구니들도 보였다. 사리 풍의 장밋빛 옷차림을 한 여자들도 있었는데, 힌두교 쪽의 전통 복장인 것 같았다. 붉은 옷에 염주를 걸친 사람들은 힌두교의 한 지도자를 따르는 사람들이었다. 프란시스코 수사 복장을 한 사람도 있었는데 나는 곧잘 그 사람 옆으로 지나가곤 했다. 그가 걸을 때마다 들리던 길다란 묵주와 허리에 매달린 십자가의 딸그

랑거리는 소리가 듣기 좋아서였다.

어느 금요일 저녁, 식당에 들어서는데 누군가가 식당 한쪽 구석에다 조그만 탁자를 놓고 그 위에 양초 두 개를 켜 놓은 것이 눈에 들어왔다. 양초 옆에는 이런 쪽지가 있었다. "안식일 초입니다. 끄지 마시기 바랍니다. 다 타고나면 저절로 꺼질 겁니다. 내일 해가 진 뒤에 치우겠습니다."

나는 주위를 둘러보며 생각했다. "아아! 채식을 금하는 종교가 없으니 누구나 여기 있을 수 있겠군. 게다가 침묵기도 모임이니 누구나 여기 있을 수 있지. 저마다 종교가 무엇이든 우리는 깨어나려고 애쓰고 있어. 깨어있기 수행 - 우린 함께 할 수 있어."

이 책에서 그리는 지도는 불교의 지도이다. 알기 쉽고, 유용하며, 여러 가지 문제를 망라하고 있다. 진리는 진리이다. 생각이 꼬이고 고통받는 것은 어디에서나 벌어지는 상황이며, 고통을 끝내고 행복을 얻으려는 갈망 역시 어느 곳에서나 존재한다.

CHAPTER II
행복으로 이르는 길 | 붓다의 기본 가르침

기본 지혜 | 코리 씨와 나의 할아버지

지혜와 행복으로 이르는 여정을 그린 붓다의 지도는 단순하기 때문에 많은 사람들이 매력을 느낀다. 본질적으로 그는 우리가 어찌할 수 없는 부분에 대해 속상해할 것 없다고 가르쳤다. 우리는 인생에서 우리에게 주어지는 카드를 고를 수 없다. 우리가 택할 수 있는 유일한 것은 우리 손에 쥐인 카드에 대한 우리의 태도와 그 카드를 사용하는 기술뿐이다.

붓다가 2천5백 년 전 이를 가르쳤을 때 많은 사람들은 듣자마자 그 이치를 깨닫고 그 뒤로 내내 행복하게 살았다. 바로 깨닫지 못한 사람들도 물론 있었지만 참선의 과정을 거친 다음에는 그들 또한 모두 이해할 수 있었다.

붓다의 생각은 세상 사람들 대다수가 따르는 정신적 가르침의 요체가 되었다. 그의 가르침에는 광대한 우주론이 포함되어 있지만, 삶을 건강하고 행복하게 사는 방법에 대한 본질적인 메시지는 우리 동네에 살고 있는 코리 씨나 10년 전에 돌아가신 할아버지 말씀과도 비슷해 보인다. 적어도 나에게는 그렇다.

아흔 살인 코리 씨는 여전히 농사일을 하고 있다. 그는 거의 75년 동안 같이 살아온 아내와 함께 수 에이커에 이르는 그들의 밭을 남의 손 빌지 않고 일구고, 거기에서 수확한 농산물은 그들의 차고에 직접 내다 판매한다. 작년 여름 어느 날 양파를 사려고 차를 몰아 코리 씨의 가게에 들렀을 때 마침 차고 문이 열려 있었다. 나는 차고 안을 들여다보고 이렇게 생각했다. "우와. 코리 씨도 대단해. 차고 안에 자신의 조각상을 장식물로 갖다 놓았구나." 아마 나는 어린 시절에 본 담배 가게의 인디언 목상이나 닭튀김 가게 앞에 서 있는 샌더스 대령의 실물 크기 조각상을 떠올렸던 것 같다.

하지만 그 조각상은 내가 생각한 그런 것이 전혀 아니었다. 알고 보니 코리 씨가 조각상처럼 가만히 앉아 손님을 기다리고 있었던 것이다. 무언가를 읽거나 쓰고 있는 것도 아니었고, 그렇다고 농산물을 정리하거나 다듬고 있는 것도 아니었다. 기다리는 것 외에는 아무 것도 하지 않았다. 코리 씨의 농산물 가게가 큰길가에 있다면 오가는 자동차 구경이라도 하련만, 이들 부부의 차고는 집 뒤에 있었고, 더욱이 집은 거의 아무도 다니지 않는 길가에 있었다. 아무 것도 지나다니지 않는다. 코리 씨는 해야 할 일이 아무 것도 없었고, 그래서 아무 것도 하지 않은 것이다. 나는 코리 씨와는 철학에 관해 이야기를 나눈 적은 한 번도 없지만, 그분은 아마 이렇게 말할 것이다. "망가지지 않았으면 고치지 말아라. 망가졌는데 고칠 수 없다면 신경 쓰지 말아라."

내가 자동차를 세우고 차고에 다가설 때까지도 코리 씨는 움직이지 않았다. 나는 문득 자동차에 놓아 둔 카메라가 생각나 코리 씨에게 부탁했다. "코리 씨, 사진 한 장 찍어도 될까요?" "그럼." 코리 씨의 대답이었다. 그분은 "왜?" 하고 물을 생각도 하지 않았다.

코리 씨가 토마토와 호박 상자 곁에 무표정하게 앉아 있는 멋진 사진이 나왔다. 현대 미국 속에 남아 있는 고풍스런 장면이라 할 만했다. 나는 그 사진을 확대해 뽑아 액자에 넣어서 내 사무실 안에 걸었다. 내가 존경하는 정신적 지도자인 메허 바바의 사진 가까이에. 필름을 『전원생활』이라는 잡지에 보낼까 생각했다. 작품으로 인정해 실어 줄 법도 했다. 나는 사진을 따로 한 장 뽑아 액자에 넣어 코리 씨에게 선물로 드렸다. 그분은 이렇게 말했다. "고마우이."

내 할아버지는 98세 때 돌아가셨다. 병이 들어서가 아니라, 나이가 많아 돌아가신 것이다. 심장이 지쳐 버렸는데도 할아버지의 정신은 끝까지 말짱했다. 그분은 맏딸인 내 어머니보다도 오래 살았고, 세 번의 결혼에서도 아내가 모두 먼저 세상을 떠났다. 경제적으로 어려운 시절도 겪었다. 할아버지는 젊어서 유럽에서 건너왔고, 그 후로는 오스트리아에 남은 부모와 많은 형제자매들을 다시 보지 못했다. 읽을 줄도 쓸 줄도 몰랐으므로 평생을 막일꾼으로 일했다. 내가 어렸을 때 할아버지께서 일을 마치고 돌아오셔서 거친 비누로 손에 묻은 때를 씻어 내시던 모습이 생각난다. 그분은 열정적이고 감성적인 사람이었다. 내 생일파티에서 사람들이 생일 축하 노래를 부를 때면 곧잘 우시곤 했다.

어머니께서 47세라는 나이로 돌아가셨을 때 할아버지께서는 77세였다. 어머니의 죽음은 그분에게 크나큰 충격을 주었다. 장례식 날 너무나 괴로워하는 모습을 보고, 나는 혹시 할아버지께서도 돌아가시지 않을까 걱정이 앞섰다. 그분은 고통을 스스로에게도 다른 누구에게도 감추지 않았다.

어머니는 8월에 돌아가셨는데, 그 여름에 할아버지께서는 메인 주의 휴양지 오두막 관리인으로 일하고 계셨다. 어머니의 장례식이 있은 며칠 뒤 그분은 심신을 추스르고 다시 일터에 나가셨다. 그러면서 예전에도 자주 들은 적이 있는 인생 철학을 들려 주셨다. "뭐, 어쩌겠어? 그게 인생인걸!" 그 때 나는 할아버지를 영화 주인공 조르바 같은 분이라 생각했다. 그분은 그 뒤로도 오랫동안 일했고, 다시 결혼했으며, 증손자들까지 보셨다. 내 아버지와 가깝고도 좋은 친구로 지내셨고, 아버지께서 재혼했을 때 새 부인과도 친구로 지내셨다. 그러나 어머니가 살았던 집에는 다시 가시지 않았다. 그 집에 가시기가 너무나도 슬펐던 까닭이다.

할아버지께서는 말년을 남부 플로리다의 노인촌에서 보내셨다. 내가 그 곳에 찾아갔을 때, 할아버지께서는 아침과 점심 식사 뒤, 하루 두 번씩 나를 불러 동네 한 바퀴를 같이 산책하셨다. 긴 산책이었다. 걸음이 느리기 때문이었다. 그분은 그것이 그분의 규칙적인 양생법이자 매일의 운동이라고 하셨다. 내가 물었다. "산책하는 동안 무슨 생각을 하세요?" 그분은 놀란 얼굴로 나를 보고 물으셨다. "무슨 생각을 하냐고? 그게 무슨 말이야? 산책할 때에는 그냥 산책하는 거지!" 그 무렵부터 나는 그분이 붓다라고 생각하기 시작했다.

코리 씨도 내 할아버지도 참선에 대해서는 들어 본 적이 없는 분이다. 그분들은 자신의 삶에 관심을 기울인 덕택에 지혜로워진 것 같다. 하지만 저절로 지혜에 다다르지 못하는 우리네들에게는 참선수행이 지혜로 이르는 한 가지 길이 된다.

첫 번째 진리 | 고통은 어쩔 수 없으나 받는 것은 선택이다

행복으로 이어지는 길을 안내하기 위해 붓다가 사용한 주요 지도를 우리는 네 가지 거룩한 진리(사성제/四聖諦)라 부른다.

첫 번째 진리에서 붓다는 인생에서 고통pain은 어쩔 수 없으나 고통받는 것suffering은 선택"이라고 설명한다. 붓다가 정확하게 이렇게 말한 것은 아니다. 그는 자신의 언어로 말했다. 내 해석은 붓다가 전하고자 하는 뜻을 담아 좀더 오늘날에 맞춘 것이다. 내 해석이 부적절하지 않기를 바란다.

인생은 정말 힘들다. 스콧 펙Scott Peck은 이 사실을 자신의 책 『덜 다닌 길The Road Less Traveled』의 첫 줄에 써서 수십만 권을 팔았다. 나는 사람들이 책의 첫 문장을 읽고 자신의 경험을 누군가가 있는 그대로 말하고 있다는 사실에 흥이 나서 그 책을 사는 것이 아닌가 하는 생각이 든다. 인생은 정말 신비롭다. 우리가 어떻게 계획을 세운다 한들, 인생은 본질적으로 예측이 불가능하다.

오랫동안 나는 욕실 거울에 이런 글귀를 적어 두고 마음에 되새겼다. "인생은 이런 저런 계획을 세우는 동안 내게 벌어지는 일이다." 그럼에도 불구하고 나는 신화적인 미래에 더 행복해지기 위해 현재를 끼워 맞추며 애쓰기를 되풀이한다.

인생의 무서움에 대해 내가 전혀 준비되지 않았구나 하는, 약간은 극적인 두려움을 느꼈을 때 나는 30대 중반이었다. 나는 우리의 행복이 순간에서 순간으로 이어지는 아슬아슬한 상태라는 사실을 거의 잊고 살았다. 그 때가 되기까지 나는 어른이 되어 갔고 행복을 보장해 주는 일이라면 뭐든 다 했다. 전문직에 종사하면서 일에 만족했고, 결혼하여 아이 넷을 낳아 그들을 무척이나 사랑하며 키웠다. 웬일인지 나는 그 모든 것이 얼마나 부서지기 쉬운지를 한 번도 생각해 본 적이 없었다. 따라서 궁극적인 의문에 대해서는 한 번도 생각해 보지 않았다.

어느 날, 우리 동네에서 학교에 가던 어린 여자아이 둘이 난폭 운전을 하던 자동차에 치여 숨졌다. 둘은 자매간으로 이제 겨우 여섯 살과 일곱 살 난 어린아이들이었다. 나는 비록 그 아이들을 직접 알지는 못했지만, 아이 중 한 명이 딸아이 엘리사베스와 같은 반이었기 때문에 이야기는 많이 들었던 터였다. 갑자기 나는 살아 있다는 것이 아주 위험하며 인생의 모든 순간이 매우 소중하다는 사실에 눈뜨게 되었다.

만일 그 사실에 대해 내가 좀더 균형 잡힌 방식으로, 적어도 좀더 성숙한 방식으로 눈떴다면, 책에서 말하는 인생의 전기를 경험했을지도 모르겠다. 사람이 완전히 바뀌어 남은 일생을 좀더 명료하게 인식하며 살게 되는 그런 전기 말이다. 하지만 내 경우는 그렇지 못했다.

나는 우울과 절망의 나락으로 떨어졌다. 인생은 어차피 끝날 것이고 앞날을 조금도 예측할 수 없는데도 사람들은 왜 계속 살아가고 있는지 이해할 수 없었다. 나는 모든 인간관계가 상실로 끝맺는다는 사실을 깨달았다. 상실은 고통스럽다. 우리가 왜 인간관계를 맺는지 알 수 없었다.

당시의 일을 지금은 가벼운 마음으로 적을 수 있지만, 나에게는 정말 힘든 시기였다. 나는 카뮈와 사르트르 같은 실존주의 철학자들을 읽었고, 어떻게 내가 이 끔찍한 진실에 대해 여태껏 두 눈을 가리고 지내 올

수 있었을까 의아했다. 왜 아무도 그런 걸 인식하지 못하는 걸까. 모든 것이 괜찮지 않다는 사실을 나는 확고부동하게 알고 있는데, 어떻게 사람들은 마치 모든 것이 괜찮다는 듯이 살아갈 수 있을까. 심리학과 학생들에게 "실존적 고뇌existential angst"에 대해 가르치던 일이 생각난다. 나는 학생들에게 키에르케고르의 우스개 일화를 들려 주곤 했다. 누군가 키에르케고르에게 말했다. "다음주 화요일에 봄세." 그러면 그는 이렇게 대꾸했다 한다. "흠. 다음주 화요일에 보세. 만일 자네가 집으로 돌아가는 길에 우리 집 지붕에서 타일이 떨어져 자네 머리에 맞지 않는다면 말이야. 그리고 자네가 길을 건널 때 마구 달리는 마차에 치이지 않는다면 말이지." 그리고 같은 식의 '않는다면'을 계속 붙이는 것이었다. 우스운 이야기가 아니다. 나는 아이들이 학교에 갈 때 "이따가 봐" 하고 말할 수 없었고, 심지어 남에게 "재미있게 지내"라고 말할 때마다 귓가에서 불길한 소리가 윙윙거렸다.

그렇게 느끼는 사람이 나뿐이라는 생각 역시 절망감에 한몫 했다. 내 주위에는 다들 인생이 정말 멀쩡하고 걱정할 것 없다고 느끼는 사람들뿐인 것 같았다. 맨 처음 참선 수련회에 나갔을 때 사람들이 진실을 그토록 분명하게 말하는 것을 듣고는 얼마나 마음이 놓였는지 모른다. 인생은 어렵고 고통스러운데, 원래 그런 것이지 우리가 잘못하기 때문이 아니라는 첫 번째 진리였다.

인생은 힘들 뿐 아니라 고통스러울 때도 많다고 선뜻 말하면서도 그것을 아무렇지 않게 받아들이는 사람들을 만날 수 있어 나는 너무나 안심되었다. 무엇보다도 중요한 점은 그런 사람들이 행복해 보였다는 사실이다. 나에게는 그 점이 말할 수 없는 위안이 되었다. 나는 이렇게 생각했다. "바로 나 같은 사람들이, 바로 나처럼 인생을 살아가고, 진실을 알면 주저 없이 말하고, 그리고 아무렇지도 않게 받아들이는 사람들이 여기 모였구나."

두 번째 진리 | 집착하면 고통받는다

고통은 이미 인생의 본질적인 특성으로 자리를 잡고 있다. 그리고 그 고통은 모든 것은 변할 수밖에 없다는 데서 시작된다. 첫 번째 진리가 이러한 사실을 가차없이 직선적으로 선언한다면, 두 번째 진리는 우리가 삶에서 무엇을 경험하든 그것과 싸울 때 고통을 받게 된다는 점을 설명한다. 지혜롭고 자비롭게 마음을 열어 그것을 받아들이면 된다는 것이다. 이런 관점에서 보면 고통 자체와 고통을 겪는 것 사이에는 커다란 차이가 있다. 고통은 어쩔 수 없다. 삶에는 고통이 따른다. 하지만 고통을 받는 것은 어쩔 수 없는 게 아니다. 만일 우리가 삶에서 생겨나는 경험을 받아들일 수 없어 그것과 씨름할 때 고통을 받는다면, 고통받는 것은 가외의 선택 사항이다.

나는 처음 참선수행을 시작할 때 이를 잘못 이해하여, 참선을 열심히 하면 고통은 영영 없어질 것으로 믿었다. 그러나 크나큰 실수였다. 그게 아니란 걸 깨닫자 난 실망했고 나의 어리석음이 부끄러웠다. 우리가 이생에서 고통을 없애지 못한다는 것은 분명한 사실이다.

붓다는 말하기를 "우리가 소중히 여기는 모든 것이 고통을 일으킨다"고 했다. 나는 이 말에 동감하지만 초심자들에게는 잘 인용하지 않는다. 그들에게 불교에 대해 우울한 인상을 심어 주고 싶지 않아서다. 하지만 이 말은 분명 사실이다. 모든 것은 변하기 마련이므로 우리에게 소중한 존재들과의 관계도 변하게 되고, 따라서 우리는 상실과 이별의 고통을 느끼게 될 것이다. 남과 관계를 맺고 사는 삶을 택한 사람들은 그런 고통에도 불구하고 관계를 유지할 가치가 있다고 결정한 것이다.

인생살이에 무관심한 것과, 인생살이를 집착 없이 열정적으로 음미하는 것 사이의 경계선을 찾아내는 일이 나에게는 끊임없는 과제이다(선불교 사람들은 이를 화두話頭라 할 것이다). 나는 그것이 가능하다고 믿지만, 살아가는 순간순간 "좋아하는 것"과 "싫어하는 것"이 섞여 있는 상황에서 "좋아하는 것"을 외면하기란 힘든 일이다. 어쩌면 불가능할지도 모른다.

십자가의 성 요한은 "주님, 환상을 보여 주소서!"라고 기도했다. 참선수행을 처음 시작했을 때 나는 환상을 원했다. 1960년대 말에는 비틀즈와 마하리쉬 마헤시 요기가 참선을 대중화시키고 있었고 "환각" 문화가 대종을 이루었다. 나는 뭔가 극적인 것이 내게 벌어지기를 바랐다.

몇 년 뒤 그러한 극적인 일들이 실제로 일어났다. 집중적으로 참선수행을 하는 동안에 나는 내 자신이 빛으로 가득해지고 나아가 빛을 뿜어내기까지 하는 것을 경험했다. 놀라웠다(집중적인 참선의 세계에서는 그리 대단한 일도 아니지만 나로서는 놀라웠다)! 하지만 이내 나는 그것이 별로 놀라운 일이 아니라는 생각이 들었다. 그때 갑자기 바울의 이야기가 생각났다. 그는 다마스커스로 가는 도중에 빛으로 인해 눈이 멀었다. 적어도 나는 그 정도는 아니었고, 따라서 더 많은 빛을 원하게 되었다. 그러나 그 사실을 나는 누구에게도 알릴 수 없었다. 참선하는 사람들 사이에서는, 적어도 내가 속한 무리 가운데에서는 환상적인 체험을 더 많이 원한다는 것이 바람직한 현상은 아니었기 때문이다.

붓다의 두 번째 진리는 무엇이든 갈망하면 고통받는다는 것이다. 흔히들 "고통받는 원인은 갈망이다"라는 식으로 해석하는데, 이렇게 해석하면 중요한 점을 놓칠 수 있다는 생각이 든다. "원인"이라는 말은 뭔가가 먼저 일어나고 그에 따라 결과가 생긴다는 것으로 이해된다. 즉, "지금 갈망하면 나중에 고통받는다"로 해석하게 되는 수도 있다. 내가 믿기로는 "지금 갈망하면 지금 고통받는다"가 옳다.

누군가 말하기를 깨달음의 한 가지 형태는 아무 때건 다음과 같이 말할(그리고 정말로 그럴) 수 있는 것이라 했다. "아, 내가 바란 건 이게 아니지만 이게 내가 얻은 거야. 그러니 괜찮아."

내 아들 피터의 장모는 불쾌한 것을 품위 있게 견뎌 낼 뿐 아니라 종종 음미까지 할 수 있는 사람이다. 나는 자동차들이 차선을 제멋대로 넘나들고 뒤죽박죽 교통 정체에다 매연으로 가득 찬 로스앤젤레스 고속도로를 많은 사람과 함께 달려 보았지만, 그 곳에서 진심으로 감탄하며 "와, 이 많은 사람들이 다 어디로 가는 걸까!" 하고 말하는 사람은 그녀뿐이었다.

물론 고속도로와 기근과 전쟁은 큰 차이가 있지만, 넉넉하게 받아들이는 일이 인간적으로 가능하다는 사실을 확인할 수 있어서 정말 흐뭇했다. 참선은 우리의 가능성을 찾아내 넓히는 일일 수도 있다. 세 번째 진리에서는 그것이 정말로 가능하다고 말한다.

세 번째 진리 | 신나는 소식

불교의 참선에서 중요한 요소 중에는 올바른 이해(정견正見, Right Understanding)라는 것이 있다. 깨어있기 수행의 목적을 명료하게 인식하는 것도 올바른 이해 중의 하나이다. 내가 깨어있기 수행에 입문한 것은 전적으로 잘못된 이해(사견邪見, Wrong Understanding)에서 비롯된 것이었다. 나는 참선을 열심히 하면 더 이상 고통이 없을 것으로 생각했다. 물론 잘못된 생각이다. 몸을 입고 이생을 사는 이상 고통을 없앨 길은 없다.

내 생각이 잘못됐다는 것을 알았을 때, 나는 고통을 없앨 수는 없어도 그만 받는 것은 가능하다는 생각으로 나 자신을 다잡아 실망을 극복했다. 세 번째 진리가 바로 이에 대한 것이다. 해탈이 가능하며, 마음의 평화와 행복이, 그것도 이생에서 가능하다는 것이다. 신나는 생각이지 않은가!

몇 년 동안 나는 근처 천주교 대학에서 동양종교를 가르쳤다. 학생들은 주로 십대로서 근처 천주교 고등학교 출신이었다. 대부분 전쟁이 없는 시대에 독실한 신자 부모 밑에서 가족과 함께 안락하고 안전한 삶을 살아온 학생들이었다. 내가 불교에 대해 가르치기 시작하면서 고통받는다는 개념을 설명했을 때 이들은 모두 의아해 하는 기색이었다. 나는 그들에게 고통이라는 개념을 따로 설명해야만 했다. 고통받는다는 것과 그 끝냄이 가능하다는 것은 불교에서 가르치는 내용의 핵심이다. 이에 관련해서 붓다가 직접 어느 제자에게 한 말이 있다. 전해 내려오는 이야기에 따르면 하루는 한 제자가 붓다에게 따졌다고 한다. 우주론이나 철학 같은 것은 왜 가르쳐 주지 않느냐는 불평이었다. 그러자 붓다는 이렇게 대답했다. "나는 한 가지만을 가르치러 왔다. 고통과 고통의 종식이다."

내가 학생들에게 그 어떤 것이 있어 기쁨을 준다 해도, 영원히 지속되지는 않기 때문에 모든 것이 궁극적으로는 실망스러울 것이라고 말하자 그들은 걱정스런 표정으로 바뀌었다. 내가 "우리는 얻을 수 없는 것을 원하는 때가 너무 많다"는 논리를 펼치자 이들은 수긍하지 않았다. 대개가 아쉬운 것 없이 살고 있기 때문이었다. 이들은 불교에는 기쁨이 없어 보인다는 의견을 내놓으며 물었다. "불교도들도 생일파티를 하나요?"

나는 이들도 공감할 수 있는 고통받는 상황을 찾아내느라 고심했다. "남자친구나 여자친구가 여러분을 더 이상 좋아하지 않는다는 사실을 깨달은 적이 있나요? 마음의 정리가 되기까지 고통스럽진 않았나요?"

그러자 학생들은 이렇게 대꾸했다. "고통받는다는 게 그런 거라면 알 것 같아요!" 나는 이 젊은이들에게 나쁜 소식을 전해 주는 사람이 되어 버린 것 같아 좀 서글펐다. 내가 사악한 서양 마녀처럼 보이지 않기만을 바랐다.

때로는 이런 생각도 든다. 좋은 소식을 전해 주고 싶은 마음에 첫 번째 진리와 두 번째 진리는 얼른 지나치고 서둘러 세 번째 진리를 다루고 있는 건 아닐까 하는. 행복하게 사는 것은 실제로 가능하다. 열정적이고, 깨어 있으며, 다감하고, 맡은 일에 열중하며, 사물에 대해 관심을 쏟으면서도 허우적거리지 않는 넉넉한 마음을 키우는 것도 실제로 가능하다. 이는 좋은 소식 정도가 아니다. 신나는 소식이다.

선불교의 3대조와 버클리의 1대조

6세기 중국에서 태어나 가르침을 전한 선불교의 3번째 조사(祖師) 승찬(僧璨)대사는 이런 말을 했다. "분별하는 마음만 없앤다면 지극한 도는 어렵지 않다." 이 말을 들었을 때 나는 생각했다. "나는 절대로 안 되겠어!" 내 경험의 모든 순간에는 분별심을 갖게 하는 동기가 있었고, 나는 항상 그에 따라 행동했지 않은가.

내가 이 가르침을 처음 들었을 무렵 내 작은딸은 발레를 열심히 배우고 있었는데, 발레 선생님들은 내 딸에게 특별한 재능이 있다고 믿었다. 크리스마스 때마다 딸아이는 발레단에서 공연하는 「호두까기 인형」에 출연했다. 해가 거듭될수록 딸아이는 조금씩 어른 역을 맡았고, 아직 어리지만 나는 장차 내 딸이 눈의 여왕 역을 맡아 연기하는 장면을 상상할 수 있었다. 그런데 막상 그 시기가 다가왔을 때, 내 딸이 그 역을 맡는 것과 다른 사람의 딸이 그 역을 맡는 것이 똑같이 느껴지리라고는 상상도 할 수 없었다. 내게는 분별심이 있었던 것이다.

나는 분별심에 대한 가르침을 사소한 수준에서 이해했다. 내가 배스킨라빈스 아이스크림 점에 들어가 "아무 거나 주세요"라고 말할 가능성은 사실 거의 없겠지만, 그렇다고 초콜릿 핏지가 널어섰다 해서 괴로워할 일 또한 없으리라는 사실을 잘 알고 있었다. 그게 아니라도 얼마든지 좋은 게 있기 때문이다. 이는 개인의 기호와 이끌림이라는 수준의 분별심이었다.

내가 알 수 없었던 것은 가슴속의 열망 수준에서도 분별심이 적용될 수 있는가 하는 것이었다. 나는 사람들이 분별심이 없기를 바랄 만한 이유를 찾아 낼 수가 없었다. 나로서는 분별심이 있기에 삶이 더욱 재미있고 신나는 것만 같았다. 이런 나의 관점은 금강경의 가르침과 정면으로 배치된다. "아무 것에도 집착하지 않는 마음을 길러라." 여기서 내가 분명히 이해하지 못했던 것은, 희망을 품고 계획을 세워 열심히 추구하되, 만일 일이 바라는 대로 이루어지지 않아도 깨끗이 포기할 자세를 갖춘다는 것이 가능하기도 하고 게다가 재미있기도 하고 게다가 즐겁기도 하다는 점이다.

결국 나는 그것을 빌에게서 배웠다. 너무나 극적으로. 20년 전에 세상을 떠난 이 친구를 나는 버클리의 1대조라 생각하기로 했다. 빌은 40대라는 아직 젊은 나이에 암에 걸렸다. 아내가 있었고 원기 왕성하게 사회 활동을 하고 있었으며 자식들을 무척이나 사랑했다. 죽음이 다가오고 있다는 사실을 알게 되자 그는 친구들 모두에게 편지를 써 놓고 그가 죽은 뒤에 발송되도록 해 놓았다. 편지에서 그는 자신의 인생에 대해 이렇게 이야기한다. "나는 더 원하기는 했어도 다른 것을 원하지는 않았다!" 이렇게 살 수만 있다면 정말 좋겠다는 생각이 들었다. 삶을 음미하면서 더 원하기는 해도 "다른 것을" 원하지는 않는다는 것.

선을 가르치는 친구인 존 타란트는 내게 죽음에 관한 선시를 하나 들려 주었다. 유명한 선사들은 죽음에 관한 시를 많이 남겼고 이는 아마도 그들이 숨이 멎기 직전, 마지막 순간에 깨달은 것을 시로 표현한 것이리라. 존이 들려 준 시는 이렇다. "죽음에 대한 시는 모두 엉터리다. 죽음은 그냥 죽음일 뿐이다."

이 시를 듣자 내 친구 팻이 생각났다. 그녀는 40대 나이에 아이 넷, 수많은 친구, 일생을 전념했던 법조계의 일을 뒤로 남겨 둔 채 암으로 세상을 떠났다. 나는 그녀에게서 배울 수 있었다. 우리의 가슴속에 열망으로 가득 찬 분별심을 품었다 하더라도 그것이 이루어지지 않았을 때, 그 사실을 쓰라림 없이 받아드리는 것이 가능하다는 사실을.

팻은 병세가 호전될 가망이 없다는 사실을 안 뒤로도 몇 달을 더 살았다. 그녀는 그 시간 동안 전 남편과 화해했고, 맡고 있던 모든 법조계 일을 마무리지었으며, 친구들 모두와 대화하면서 평소 그들에게 해 주고 싶었던 말을 남김없이 다 털어놓았다. 몇 가지 일은 바로잡는다는 게 감정적으로 힘들었지만 그래도 해냈다. 마지막 무렵 그녀는 내게 아무렇지도 않은 듯 덤덤하게 말했다. "있잖아, 암 덕분에 내가 감정적으로 많이 성숙해졌어. 암에 걸리지 않았더라면 하지 않았을 일도 할 수 있었고. 그렇지만 솔직히 말해 암에 걸리지 않고, 그래서 성숙해지지도 않았더라면 더 좋았겠단 생각이 들어."

움직일 수 없는 진실. 성숙이 그리 대단한 건 아니다. 사는 것이 더 좋다. 그녀는 바꿀 수 없는 주어진 상황에서, 마지막 날들을 품위 있게 살았다. 죽기 전날 찾아갔더니 그녀는 침대에 앉아 신문을 읽고 있었다. 그녀는 내게 이렇게 말했다. "할 일은 다 했어. 이제는 그냥 기다릴 뿐이야." 내가 보기에 팻은 샌 안셀모의 1대조로 손색이 없다.

에밀리는 결국 눈의 여왕이 되지 못했다. 무용이 그 아이에게는 맞지 않았고, 그 사실을 너그럽게 받아들이는 아이를 보며 나도 기대를 접을 수 있었다. 나는 요즘도 「호두까기 인형」을 즐겨 보는데, 특히 눈의 여왕 역을 맡은 배우의 어머니가 어떤 기분일지 상상해 보는 걸 좋아한다.

나는 텔레비전에서 미식축구를 보다가 엔드존에서 선수가 공을 멋지게 받아 낸 직후 카메라가 관중석에서 환호하는 선수의 어머니를 비출 때에도 비슷한 생각을 한다. 감동한 나머지 울 때도 많다. 나는 사람들에게 슬픈 일이 일어날 때에도 운다. 참선을 해도 울음은 고쳐지지 않는 것 같다. 하지만 그래서 기쁘다.

3½번째 진리

붓다는 고통을 끝내는 것은 가능하다고 가르쳤다. 우리 마음을 다스림으로써, 지혜롭고도 큰 마음이라는 광활한 바다 안에서 우리의 경험이 왔다가 지나가기도 하는, 드넓고 명료한 상태에 다다를 수 있다는 것이다. 고통과 기쁨이 왔다가 사라지고, 기뻐하고 실망하는 일도 오고 가겠지만, 마음은 근본적으로 평온한 상태에 머무르는 것이다. 행복하기 위해 기쁨을 느껴야 할 필요는 없다는 사실을 알면 놀랄 정도의 해방감을 느낀다.

그렇지만 나는 아직 고통을 끊어 내지 못했다. 그렇게 하고자 하는 마음이 부족해서가 아니다. 나는 간절히 원한다! 이해를 하지 못한 탓도 아니다. 나는 해탈이 가능하다고 가슴속 깊이 믿는다. 마음의 갈등이 생기는 까닭은 자신의 이야기를 우주에서 펼쳐지는 커다란 드라마의 한 부분으로 바라보지 못하고 개인적으로 받아들이기 때문임을 나는 알고 있다. 나는 모든 것이 상대적이라는 것을 확실히 알고 있고, 업業이라는 것도 비교적 믿는 편이다. 그럼에도 나는 갈등하고 고통받는다. 하긴, 예전보다는 덜 고통받고 예전에 비해서는 고통받는 것에 대해 덜 속상해 한다.

그래서 나는 반쪽 짜리 진리를 하나 덧붙였다. 덧붙인 반쪽 짜리 진리는 이렇다. "고통은 다스릴 수 있다." 고통을 끝내는 게 가능하다는 것을 나는 절대적으로 믿지만, 비록 끊어 내지는 못하더라도 고통을 좀더 잘 다스릴 수 있다는 수준에서도 만족한다. 고통을 다스릴 수 있음을 알기에 고통에 대해 전보다는 덜 두려워하게 됐다. 요즘 나는 새로운 학생들에게, 붓다는 더 이상 고통받지 않는 상태가 가능하다고 가르치기는 했지만 나 자신은 아직 그 수준에 이르지 못했노라고 솔직하게 말한다. 학생들은 실망하지 않는다. 나 또한 위신에 손상을 입는다고는 생각하지 않는다. 이들에게는 고통을 다스릴 수 있다는 것이 아주 좋은 소식인 것이다.

  이 덧붙인 반쪽 짜리 진리 덕분에 나는 내 자신과 남들을 좀더 자비롭게 바라보게 됐다. 내가 내 자신의 상황에 갇혀 갈등하고 고통받는 것이 보인다. 벗어나기를 바라고 결국 모든 것이 변하고 상황이 해결되는 것이 보인다. 나는 스스로의 습관적 집착 때문에 고통이 폭풍처럼 일어나는 것이 훤히 보일 때 자신에게 더욱 너그러워진다. 오랫동안의 수행과 또 내게 있음직한 지혜와 이해에도 불구하고 내가 고통받는다는 사실을 인정함으로써, 나는 이 지구상에서 함께 살아가는 모든 사람들의 엄청난 고통에 공감할 수 있는 것이다.

마음은 아직도 사로잡혀

"내 마음 너에게 사로잡혀"라는 어느 연가의 구절은 달콤한 느낌을 표현한 것이리라. 우리는 연인의 마음과 생각이 자신에게 사로잡히기를 바란다. 불교에서 사로잡힘, 즉 집착은 고통의 원인이다. 그럼에도 불구하고 내 마음은 여전히 무언가에 얽매여 있다. 물론 집착의 고리가 느슨해지는 날도 있다.

참선을 처음 시작하던 시절, 내가 가장 즐겼던 것 중에 하나는 붓다와 그의 가르침에 관한 이야기를 듣는 일이었다. 마음을 평정하게 한다는 게 어떤 건지, 해탈이 무엇인지 감을 잡기 훨씬 이전부터 나는 해탈을 얻을 수 있다는 이야기를 듣는 것이 좋았다.

옛날 붓다의 이야기는 놀랍다. 이야기의 대부분은 붓다가 가르침을 베풀던 곳에 대한 설명과 가르침을 들으러 찾아오는 몇몇 제자들의 이름을 거론하는 것으로 시작한다. 예를 들자면 "아무개가 붓다를 찾아와 자리에 앉아 귀를 기울였다. 그래서 세상의 존경을 받는 분(세존)께서는 이렇게 말씀하셨다"로 시작하여, 붓다가 가르친 사물의 근본 이치를 들려 준다. 끝은 이런 식이다. "아무개는 이 말을 듣고 완전한 깨달음을 얻었다." 또는 "사람들이 이 말을 듣고 모두 완전한 깨달음을 얻었다." 그리고 다음과 같이 마지막을 맺는다. "그래서 이들은 마음의 집착을 버림으로써 해탈하였다." 나는 이 부분이 참 마음에 든다. 내가 수행을 시작한 이래로 해가 많이 바뀐 오늘날까지, 누군가로부터 붓다의 이야기를 들을 때마다 나는 이번에는 내가 궁극적으로 완전히 해탈할 수 있을지도 모른다는 상상을 한다. 붓다 시대에 그런 일이 있었다는 사실 자체가 나에게는 좋은 선례가 된다. 그저 아직 내게는 일어나지 않았을 뿐이다.

그것이 쉽사리 일어나지 않는 한 가지 이유는 마음이 일정한 방식에 따라 습관적으로 반응하기 때문이다. 마음의 습관이란 바꾸기가 어렵다. 나는 화가 날 때마다 두통에 시달리곤 했는데, 불쾌한 마음을 자연스럽게 표현하는 방법을 몰랐기 때문이었다. 지금은 화가 났다는 사실을 좀 더 자연스럽게 드러낼 수 있지만, 아직도 이따금씩은 머리가 아프고 나서야 그 사실을 알게 되기도 한다. 또한 나는 고통을 겪는 것이 내가 바꿀 수 없는 일들을 두고 갈등하기 때문임을 확신하고 있다. 그럼에도 가끔씩은 끝없이 갈등한다. 습관은 좀체 없어지지 않는 법이다.

심리적, 정신적 습관을 완전히 지워 버리기 힘든 까닭에 대해 나는 나름대로의 이론을 갖고 있다. 나는 이것을 마음의 변화에 대한 T셔츠 이론이라 부른다. 오래 전에 어느 텔레비전 광고에서 한 아주머니가 아들이 입었던 T셔츠를 들어 보이며, 아들이 땅콩 버터와 젤리를 묻힌 자국, 초콜릿 아이스크림을 흘린 자국, 미식축구를 하다가 땅에 구르면서 생긴 자국 등을 가리킨다. 그녀는 광고 상품인 특정 세제와 T셔츠를 함께 세탁기에 넣는다. 세탁이 끝나고 T셔츠를 꺼내자 아무 자국도 남지 않은, 마치 새것 같이 보이는 옷 한 벌이 나온다. 내가 여태껏 빨래를 해 본 경험으로는 세탁기에서 꺼냈을 때 새것 같아 보인 T셔츠는 하나도 없었다. 언제나 변색된 부분이 남아 있었고, 때가 완전히 빠지는 드문 경우에도 T셔츠를 옷걸이에 걸면 새것일 때처럼 반듯한 모양으로 걸리지는 않았다. 입었던 옷이라는 흔적이 영원히 남아 있는 것이다. 마음도 이와 같다. 그렇다고 이것이 문제가 된다고 생각하지는 않는다. 셔츠의 어느 쪽이 짧은지 알고 있으면 그 쪽을 더 단단히 허리춤에 찔러 넣고 멀쩡하게 입을 수 있는 것이다.

만일 내 마음에 집착이 없다면 두려움도 전혀 없을 것이다. 무언가를 잃을까봐 겁낼 필요가 없을 것이고, 행복을 위해 필요한 것 또한 없을 테니, 그 어떤 것도 내게 두려움을 주지 못할 것이다. 그러나 나는 여전히 마음에 집착이 있고, 그래서 때때로 나는 내게 필요한 걸 갖지 못할까봐, 또는 내가 원하는 걸 잃을까봐 겁을 먹기도 한다. 지금은 두려움이라는 것에 대해 예전처럼 많이 움츠러들지는 않기 때문에 그리 큰 문제는 아니다. 나는 그것이 집착 때문임을 알고 있고, 그리고 사라지리라는 것도 알고 있다. 나는 내 자신에게 이렇게 말할 수 있다. "지금 내가 겁먹은 것은 무엇이 진실인지를 내가 알고 있으면서도 이 순간 잊어버렸기 때문이다. 기억날 가능성이 있음을 나는 알고 있다." 그 가능성, 그 확신이, 더없이 겁나는 와중에서도 내게 큰 희망을 준다.

네 번째 진리 | 여덟 겹의 원

해탈에 이르는 일반적인 과정을 여행에 비유해 보자. 행복과 만족으로 이르는 여행을 위해 붓다가 건네준 지도에는 여덟 가지 길(팔정도八正道, the Eightfold Path)이 나와 있다. 나는 이를 여덟 겹의 원(팔정원八正圓)으로 나타내 보면 어떨까 하는 생각이 자주 든다. 길은 이곳에서 저곳으로 이어지고, 저곳에 가까워질수록 이곳으로부터는 멀어진다. 사다리를 오를 때 처음부터 다섯 번째 단계로 뛰어올라 출발할 수 없듯이, 길 역시 전진해 나가는 특징이 있어서 제일 처음에서 시작하여 끝까지 선을 따라 가야만 한다. 그렇지만 원에서는 어디서든 출발할 수 있고 어디에서 출발해도 똑같다.

붓다는 길에 대해 가르치면서 그 길에는 몇 개의 구성 요소가 있다고 했다. 그래서 그 여덟 가지 특별한 표식이 보이면 사람들은 올바른 방향으로 나아가고 있음을 알 수 있다는 것이다. 이들 이정표는 올바른 이해(정견正見), 올바른 뜻(정사유正思惟), 올바른 행동(정업正業), 올바른 말(정어正語), 올바른 직업·생활태도(정명正命), 올바른 노력(정정진正精進), 올바른 집중(정정正定), 올바른 깨어있기(정념正念)이다. 이 이정표 가운데 하나라도 보이면 여행자는 행복을 향해 나아가고 있음을 알 수 있다.

이들 이정표가 보이는 순서는 중요하지 않다. 어느 이정표든 자세히 들여다보면 그 안에 나머지가 모두 숨어 있다는 걸 알 수 있다. 아무리 즐겁지 않은 상황 속에서도 만족함을 느낄 수 있다는 올바른 이해의 아주 작은 조각 하나만으로도, 올바른 이해를 더 많이 얻기 위해 올바른 노력을 많이 하고자 하는 올바른 뜻을 불러일으킬 수 있다. 말하는 내용 하나하나를 진실하고 건전하게 만드는 올바른 말을 실행에 옮기려는 사람은 누구나 올바른 깨어있기 없이는 불가능하다는 사실을 알게 된다. 올바른 깨어있기란 모든 순간에 주의를 기울이는 것으로, 그러한 사람들은 아내 자신에게 올바른 집중이 있음을 알게 된다. 설사 누가 "여덟 가지 길은 너무 복잡해! 난 그냥 한 가지 길만 택해서 수행할래" 하고 말한다 해도 그렇게 될 수는 없다. 여덟 가지의 길 모두가 연결돼 있기 때문이다.

  행복으로 이르는 여행은 어디서든 출발할 수 있다. 그리고 어디에 있든 시작할 수 있다. 다만 이를 원이라고 부르기가 꺼려지는 이유가 한 가지 있다. 작은 원이라도 공간을 차지하기 마련이고, 공간은 이곳과 저곳이라는 개념을 불러일으킨다. 하지만 저곳은 없다. 우리가 행복에 눈뜰 때 우리는 과거 그 어느 때보다도 더 이곳에 있게 된다. 그러나 깨어남도 실제로 있는 일이고 수행 역시 실제로 효과가 있으므로 뭔가 이름을 붙일 필요가 있다. 이런 점에서 팔정점(八正點)이라 부르는 게 더 어울리지 않을까.

올바른 이해 | 내 친구 알타와 "변화"

행복을 위한 붓다의 공식을 말할 때마다 사람들은 올바른 이해에 대한 이야기로 시작한다. 올바른 이해란 비록 삶이 필연적으로 실망스럽다 하더라도 그 속에서 행복이 가능하다는 사실을 조금이라도 믿고 이해하는 것이다. 우리는 인생의 슬픔에 대해 응급 처방이 있다는 사실에는 즉각 관심을 보이면서도 필연적이라는 부분에 대해서는 머뭇거리며 더 이상 생각하지 않으려는 것 같다. 하지만 해탈로 이르게 하는 원인은 바로 이 필연적이라는 부분에 있다. 만약 필연적이지 않다고 가정해 보자. 우리가 약간만 더 머리를 쓰고, 약간만 더 수고를 하면 모든 것이 영원히 완벽해질 수도 있지 않겠는가. 하지만 그 어느 것도 영원히 완벽할 수는 없다. 그 어느 것도 영원하지 않기 때문이다.

일시적이라는 사실을 의식하는 것은 지혜의 중요한 요소다. 붓다는 많은 것을 가르쳤지만, 일시적이라는 가르침은 말 그대로 그가 숨을 거두기 직전에서야 전했다. 그가 죽기 직전 마지막 두 번째로 남긴 말이 "모든 변하는 것은 덧없다(제행무상諸行無常)"라는 것이었다. 즉, "모든 것은 변한다"는 의미이다.

내 친구 알타는 79세에 세상을 떠났다. 25년 전, 내가 지도하던 요가 교실에서 처음 나온 그녀는 나에게 이렇게 말했다. "남편이 오랫동안 앓다가 얼마 전에 죽었어요. 그래서 내 인생을 다시 시작하려 한다오." 그녀는 참선 수업에 관심을 갖게 됐고 내가 지도했던 모든 수업에 참가했다. 그녀는 나를 스승으로 생각했겠지만 실은 그녀가 나의 스승이었다.

10년 전에 있었던 알타에 관한 이야기이다. 한번은 그녀가 허리를 삔 적이 있었다. 그녀는 매일 5킬로미터씩 달렸는데, 필시 그날도 조깅을 하다가 그랬을 것이다. 통증이 너무 심했던 터라 지켜보던 친구들은 그녀에게 병원에 가 볼 것을 권했다.

"마지막으로 종합진단을 받은 게 언제죠?" 의사가 그녀에게 물었다. "35년 전이라오." 알타의 대답이었다. 의사의 눈꼬리가 올라갔다. "35년 전이요? 가슴 검사와 유방 엑스선 사진은요?" "한 번도 한 적이 없어요." "갱년기는요?" "거쳐 왔지요."

변화를 거쳐 나온다는 것은 알타에게 있어 아주 쉬운 일이었고, 그 방면에서만큼 그녀는 내게 본받을 대상이었다. 우리는 친한 친구가 되었고, 비가 오는 겨울이면 그녀의 바느질 방에서 옷을 지으며 많은 시간을 함께 보냈다. 대개는 내 옷이었다. 나는 내 가족에 대해 이야기하고, 그녀는 자신의 가족에 대해 이야기했다. 여자들이 바느질을 할 때 흔히 하는 그런 이야기였다. 나는 그녀와 대화하면서 내가 큰일이라 생각하여 안달하던 것들이 그녀 입장에서 볼 때는 그리 대단한 게 아니라는 사실을 알고 내심 안도한 적도 많았다. 내가 볼 때 그녀가 말하는 가족 문제는 매우 심각한 것임에도 불구하고 그녀는 이야기를 하면서도 한 땀의 바느질도 놓치는 법이 없었다. 그녀는 슬퍼하고 있었지만 편안해 보였다. "속상하지 않아요?" 하고 물으면 그녀는 이렇게 대답하곤 했다. "나로서는 할 수 있는 데까지 했다오. 그러니 속상해 한들 무슨 소용이겠수."

일단 모든 것이 변한다는 사실을 깨닫고 나면 우리는 삶에서 벌어지는 사건에 대해 좀더 지혜로운 태도를 견지할 수 있다. 벌어지는 일들이 고통스럽고 그것을 변화시킬 수 없을지라도, 우리는 적어도 그 고통이 영원히 지속되지는 않으리라는 확신은 가질 수 있다. 고통을 견딜 수 없을 것 같은 느낌이 드는 까닭은 그 고통이 영영 사라지지 않으리라는 생각 때문일 때가 많다. 사람들은 혈육을 잃은 사람에게 흔히 이런 식으로 위로한다. "시간이 지나면 괜찮아질 거야." 그렇지만 듣는 사람은 쉽사리 믿지 않는다. 그 순간에는 그게 사실 같이 들리지 않기 때문이다. 올바른 이해는 기분이 형편없을 때 고통에는 끝이 있다는 사실을 기억하고, 그 기억을 통해 약간의 위안을 얻는 것이다. 그리고 기분이 더없이 좋을 때에는 덧없음 때문에 결코 즐거움이 줄어들지 않으며, 오히려 더욱 즐거워진다는 것을 기억하는 것이다.

올바른 뜻 | 달라지는 연습을 하자

　　아주 오래 전, 아직까지 나에게 비행기 여행이 새로운 경험으로 받아들여지던 20대 초반 무렵의 일이다. 나는 조지아 주 애틀랜타에서 비행기를 타고 뉴욕 시로 향했다. 그 날 따라 비가 많이 오고, 프로펠러 비행기는 구름 속을 지나느라 심하게 요동쳤다. 나는 좌석의 팔걸이를 붙잡고는 이를 꽉 물었다. 착륙할 때까지 수도 없이 맥박을 짚어 보고 시계도 들여다보았다. 하지만 내 옆자리에 앉은 "나이 든"(아마 지금의 내 나이쯤 됐을 것이다) 여자는 무표정하게 앉아 승무원이 주는 점심 식사까지 받아먹고 있었다. 나는 생각했다. "어떻게 저 여자는 겁을 안낼까?" 뉴욕에 착륙했을 때 내 입에서 "하느님 감사합니다" 하는 말이 새어나왔다. 그러자 옆자리의 여자가 미소지으며 내게 말했다. "맞아요!" 나로서는 엄청난 발견이었다. 그녀 역시 겁이 났지만, 점심은 먹은 것이다.

　　내 친구 엘리자베스는 10년 전에 유방 절제술을 받았는데, 그녀의 남편 짐과 내가 회복실 밖에서 기다리고 있을 때 간호사가 다가와 진행 상황을 알려 주면서 그녀가 얼마나 밝은 얼굴로 수술실로 향했는지를 들려주었다. 담당자들은 그녀가 얼마나 느긋해 보이고 얼마나 두려움이 없었는지 놀라울 따름이라고 했다. 나중에 나는 엘리자베스에게 간호사가 했던 말을 전하며 물었다. "정말 하나도 겁나지 않았어?" 내 질문에 그녀는 웃으며 이렇게 대답했다. "물론 무서웠지. 하지만 모두를 불편하게 만들 것까지 뭐 있겠냐는 생각이 들더라고."

　　비행기의 그 여자도 내 친구 엘리자베스도 자신의 느낌을 부정하지 않았다. 둘 모두 그들 앞에 벌어지는 일이 달갑지 않았고, 그것에 대해 어떤 선택도 할 수 없었다. 그들에게 남은 유일한 선택은 시간을 보내는 방식을 고르는 일뿐이었다. 내 눈에는 이처럼 방식을 고를 수 있는 능력이 위대한 해탈로 비쳐졌다. 어쩌면 바로 이것이 "선택의 자유"가 지닌 궁극적인 의미가 아닐까.

올바른 뜻은 선택의 자유가 가능하다는 사실을 우리가 일단 이해하고 나면 마음속에 생겨나는 것이다. 삶은 나름대로 전개된다. 즐겁기도 하고 싫기도 하며, 실망스럽기도 하고 신나기도 한다. 그리고 이런 모든 게 뒤섞여 있을 수도 있다. 어떤 파도가 닥치든 간에 그 파도를 기꺼이 타고 넘어갈 수 있다는 사실을 알면 얼마나 마음이 놓이겠는가. 그리고 이것에 능숙해지면 우리는 파도타기를 즐기는 사람들처럼 아무리 복잡한 파도라도 안전하게 넘어갈 수 있을 것이다.

올바른 뜻을 일상생활에 적용하는 것은 습관적인 반응의 한계를 극복하도록 노력하려는 결심에 해당한다. 이두박근을 키우고 싶다면 기회가 생길 때마다 무거운 것을 들어올리는 운동을 해야 하는 것처럼, 만일 사랑과 관용을 품고 두려움 없는 삶을 살고자 한다면 분노하게 하고 욕심 부리게 하고 갈등하게 하는 모든 성향을 극복하기 위한 훈련을 해야 할 것이다. 인생은 훌륭한 수행장이다. 모든 상황은 훈련을 위한 하나의 기회이다. 불교에서는 이를 욕심(貪), 노여움(瞋), 어리석음(痴)을 버리는 수행이라 부른다.

로나의 할머니

로나의 할머니는 노여움을 수련했다. 인생의 마지막 30년간은 그녀의 딸과 냉전으로 일관했고 그녀의 기억력이 쇠해졌을 때도 이 불화는 끝나지 않았다. 임종이 임박한 어느 날 할머니는 로나에게 물었다. "내가 네 엄마에게 왜 화가 났는지 기억나니?" 로나는 잘 기억하고 있었지만 다시 들추어서 좋을 게 없다고 생각했다. "아뇨, 기억나지 않아요." 로나가 대답하자 할머니는 이렇게 말했다. "나도 그래. 그렇지만 화가 났다는 건 기억하고 있어."

화내는 근육을 너무나도 많이 쓴 나머지 그 근육이 저절로 움직이는 것을 보면 슬퍼진다. 나는 누군가가 "내가 살아 있는 한 아무개를 절대로 용서하지 않을 거야!"라고 하는 말을 들을 때 가장 실망한다. 그때마다 나는 이런 생각이 든다. "이 사람은 정말 형편없는 선택을 하고 있구나. 그 사람 때문에 이미 상처까지 받은 터에, 그 상처를 기억 속의 사당에 모셔 놓고 오래오래 간직할 작정이야." 이럴 때 머리 속에 흔히 떠오르는 광경은 1940년대에 유행한 서부영화의 한 장면이다. 보안관이 난폭한 사람을 감방에 밀어 넣고 문을 닫지만 잠그지는 않는다. 죄수가 감방 안에서 창살을 붙잡고 흔들어대며 소리치지만, 우스운 것은 손잡이만 돌리면 나올 수 있다는 점을 관객은 알고 있다는 사실이다.

때때로 우리는 창살을 흔들어대는 것보다 한 단계 더 주저앉는 것 같다. 우리 자신을 구출하는 것이 아니라, 불만을 되새김으로써 분노를 그 자리에 그대로 유지하는 것이다. 이는 감방 열쇠를 손에 쥐고 팔을 밖으로 내밀어 자물쇠를 채워서 스스로를 감금한 다음, 창살 밖으로 열쇠를 내던져 버리는 것과 마찬가지이다.

저 유명한 기원정사의 설법에서 붓다는 모욕당하고 창피당한 일을 계속 마음에 두고 있는 사람은 절대로 미움에서 풀려나지 못한다고 가르쳤다. 그리고 그런 생각을 버릴 수 있는 사람들은 사랑을 할 수 있다고 했다. 어느 수업에서 이런 이야기를 들려 주고 있는데 한 학생이 내게 불쑥 말했다. "당연하지요. 그건 진리예요, 실비아. 용서는 자유를 얻기 위해 치러야 하는 대가거든요." 내가 말했다. "톰, 좋은 말이네요. 다음에 누군가를 가르칠 때 그 말을 인용해도 될까요?" 그는 이렇게 대답했다. "그럼요. 그렇지만 반드시 '톰이 말했다'라고 말해 줘야 해요." 물론 나는 기꺼이 그렇게 말했다.

메리 케이와 양파

　　우리는 언제 무엇을 두고 탐욕에 사로잡힐지 모른다. 올바른 뜻이란 그런 충동을 만날 때 피해 가고자 하는 노력이다. 지난 가을, 10월하고도 꼭 보름 되던 날 나는 친한 친구 메리 케이와 함께 양파를 심었다. 역서(曆書)에서는 보름달이 풍성한 수확을 약속한다고 했다. 양파의 여린 순을 하나씩 따로 심어야 했기 때문에 일이 더디었다. 그렇지만 날씨도 시원하고 서로 이야기를 나눌 시간도 생겨 기분은 아주 좋았다.

　　우리는 그런 좋은 날을 애써 골라 양파를 심은 사실을 자축했다. 내가 말했다. "만약에 진짜 엄청나게 수확이 좋으면 어떻게 하죠? 지하실에 오래 저장해도 괜찮을까요? 말리는 게 좋을까요? 사람들은 양파를 잘라 봉지에 넣어 냉동실에 두나요?" 메리 케이는 이렇게 말했다. "언제든지 무료 급식소에 줄 수 있지요. 아니면 노숙자 보호소에 주던가요." 메리 케이는 노숙자 보호소를 운영하고 있고, 나는 자주 그곳에 물건을 가져다주고 있다. 시장에서 양파를 트럭으로 하나 가득 사서 갖다줄 용의도 충분히 있는 나였지만, 그 순간 나는 그 밭에서 난 양파만큼은 내 뱃속에 들어가기를 바랐다. 양파는 양파일 뿐, 내가 양파를 심은 까닭은 심는 자체가 좋았기 때문이지 양파를 살 수 없기 때문이 아니잖나. 그럼에도 나는 장차 수확할 수 있을지 없을지도 모르는 양파를 보낸다는 생각에 아픔을 느낀 것이다. 생생한 고통이었다. 그냥 양파에 지나지 않지만 애착이 생겨난 것이다. 나는 놓아 버림으로써 더 이상 탐욕에 사로잡히는 고통을 피해갔다. "물론 그래야죠." 나는 그렇게 말했다. 진심이었다. 너무나 홀가분했다.

내가 살고 있는 캘리포니아 주 알렉산더 계곡의 짐타운 가게에는 이런 팻말이 있다. "자유는 무엇이든 하고 싶은 대로 하는 것이 아니다. 해야 하는 것을 마음대로 하는 것이다."

콜린과 수녀원

몇 해 전에 마음먹은 게 하나 있다. 어떤 일을 시작하기가 겁난다 하더라도 만일 그것이 내 생각에 어느 정도는 해낼 수 있어야 하지 않겠는가 하는 범위 안에 있다면 반드시 그 일을 하기로 한 것이다. 나의 일반적인 기준은 "딴 사람들이 한다면 나도 할 수 있다"는 것이었는데, 이 기준에 따라 전에는 지레 겁을 먹고 시도해 볼 엄두도 못 낸 일도 할 수 있게 되었다. 이런 다짐 덕분에 나는 스쿠버 다이빙을 시작해 놀라운 수중 세계를 볼 수 있었고, 또 놀라운 내적 세계를 자세히 들여다보기 위한 집중적이고 특별한 참선 수행도 끝까지 마칠 수 있었다.

두려움은 마음의 습관이다. 사람에 따라 많기도 하고 적기도 하다. 두려움은 언제나 덤이며, 두려움에 갇히는 것은 일종의 망상이다. 실제로는 무엇을 할 수 있거나 없거나 둘 중 하나다. 정녕 할 수 없다면, 예를 들어 내가 기능적으로 서툴러 비행기를 조종하는 게 현명하지 않다면 나는 그 일을 하지 않는다. 만일 내가 정녕코 할 수 있다면, 그리고 하는 것이 바람직하다면 나는 나 자신을 다잡는다. 어느 날 나는 두려움이란 두뇌 속 신경마디 사이를 오가는 일련의 전기 이동이라는 것을 알게 됐고, 내가 이런 뇌 속의 꿈틀거림에 사로잡혀 있다는 느낌이 못마땅했다.

할머니들은 정신적 지도자 역할을 할 때가 많다. 내 할머니께서는 나의 첫 스승이셨고, 나 역시 그 전통을 이어나갈 수 있기를 바란다. 그녀에게서 가장 확실하게 배운 것은 원치 않는 상황에 의연하게 대처하는 것이었다. 그녀는 내게 이렇게 묻곤 하셨다. "사람이 언제나 행복할 거라고 어디에 쓰여 있든?"

　　　손자 콜린이 세 살 되던 해, 나는 그 아이를 데리고 내 친구 메리를 찾아간 적이 있다. 메리는 산 라파엘에 있는 도미니카 수녀회 소속 수녀로 오랜 세월 수녀회의 보금자리 역할을 해 온 크고 아름다운 수녀원에 살고 있었다. 수녀원의 계단을 따라 한참을 올라가면 높다랗고 무거워 보이는 위압적인 출입문이 나타난다. 메리는 30년 전 초심자로서 처음 그 커다란 문을 지날 때 얼마나 무서웠는지 말해 준 적이 있다. 그래서인지 콜린 역시 그 입구를 좋아하지 않았다.

　　　"이 계단 싫어요, 할머니. 집에 가요." "지금은 집에 가는 때가 아니란다. 지금은 메리 고모를 찾아가는 때란다." "이 계단 정말 싫어요, 할머니." "좋아할 필요는 없단다, 콜린. 그냥 밟고 올라가면 되는 거야. 자, 내 손을 잡고 함께 해 보자."

　　　물론 우리는 계단을 딛고 올라갔고, 콜린도 즐거워했다. 결국 그 아이는 긴 계단을 정복하게 된 것이다. "와, 저 계단 좀 봐요, 할머니!" 콜린은 자신이 해냈다는 성취감에 기뻐했고, 나는 아이의 정신수양이 시작되는 듯 하여 기분이 좋았다. 나는 콜린의 이야기를 학생들에게, 특히 참선 수련회에 참가하는 사람들에게 종종 들려 준다. 또 "나 자신과 내 마음이 전과는 다른 것 같아 겁나요" 하는 사람들에게도 이 이야기를 들려 준다. 새롭고 낯선 것들이 무섭게 느껴질 때가 많다는 것을 그들이 알기를 바래서이다. 누가 우리 손을 잡아 주면 "무서운"은 "재미있는"으로 바뀐다. "재미있는"은 깨달음의 요소 가운데 하나이다.

올바른 행동

윤리적인 규정에는 주로 금지하는 내용이 많다. 이것을 하지 말라, 저것을 하지 말라. 내가 알고 있는 모든 정신적 가르침에는 대체로 비슷한 금지 사항들이 있다. 그도 그럴 것이, 만일 우리가 경계하지 않으면 탐욕과 노여움이라는 본능적인 충동에 따라 이기적이고 옳지 않은 행동을 하기 십상이기 때문이다. "하지 마라, 그렇게 하지 마라"라고 하는 것들은 모두 이런 깨달음을 바탕으로 만들어 놓은 것이다. 기본 원칙은 이렇다. "고통을 불러일으킬 짓을 하지 마라."

전통적으로 불교에서는 올바른 행동에 대해 설명하면서 히리hiri와 오타파ottappa라는 용어를 쓰는데, 대개 "도덕적 부끄러움moral shame"과 "도덕적 두려움moral dread"이라 번역된다. 부끄러움과 두려움이라는 낱말은 영어에서 나쁜 의미를 포함하고 있지만 나는 이 두 용어가 비교적 마음에 든다. 엄청난 책임감을 전달하고 있기 때문이다. 전체적으로 이들 용어가 가리키는 것은 우리가 하는 행동 하나하나 고통을 불러일으킬 잠재력이 있고, 우리가 하는 행동 하나하나 우리로서는 상상할 수도 없을 정도로 멀리까지 영향을 미친다는 뜻이다. 행동하지 말아야 한다는 뜻은 아니다. 조심해서 행동하라는 뜻이다. 모든 것이 서로 연관되어 있기 때문이다.

할아버지와 오렌지

내가 할아버지와 오렌지에 대해 처음으로 알게 된 때가 언제인지 정확히 기억나지 않지만, 아홉 살이나 열 살 때쯤 할아버지로부터 직접 들은 것만은 틀림없는 것 같다. 아마도 내가 할아버지에게, 주유소 직원으로 일하면서도 왜 자동차는 운전할 줄 모르나 물어 봤던 것 같다.

할아버지의 대답은 이랬다. "미국에 왔을 때 나는 스물 다섯이었는데, 누군가 내게 자전거를 가르쳐 주려 했지. 그런데 영 익숙해지질 않았단다. 그러던 어느 날 그만 장바구니를 바리바리 들고 지나가던 여자를 들이받고야 말았어. 봉지 하나가 떨어져 온 길바닥에 오렌지가 흩어져 나뒹굴었는데, 내가 저질러 놓은 그 난장판을 보고 나니 어찌나 속이 상하던지 그 후론 아무것도 몰고 싶지가 않더구나."

"딱 한 번 실수 한 것 가지고 그러세요?" 내가 말을 받았다. 할아버지의 대답은 이랬다. "어쨌든 사람을 들이받으면 어떻게 되는지 본 다음부터는 두 번 다시 그런 일을 겪고 싶지 않더라."

이는 어쩌면 극단적인 수준의 '히리'와 '오타파'겠지만, 그래도 나는 할아버지가 무척 존경스러웠다. 그리고 그 뒤로 그 이야기를 자주 되풀이해 들으면서 나는 할아버지께서 자신의 결정에 만족해하시는 것을 느꼈다. 그분은 아무도 해치지 않겠다는 소원대로 사셨다. 할아버지께서는 이렇게 말씀하시곤 했다. "아무한테도 해를 끼치고 싶지 않았단다."

긍정적이고 올바른 행동 | 비행기 응급처치

'이러이러한 행동은 하지 말라'는 것은 올바른 행동의 반쪽 모습일 뿐이고, 나머지 절반은 기회가 있을 때마다 고통을 덜어 내 버리는 것이다. 온 세상을 수용하는 것은 남들 보기 좋으라고 하는 행동만은 절대로 아니다. 자기 자신을 위해서도 좋은 일이다.

고통을 얼마간 덜어 내 버릴 수도 있었을 텐데 그럴 기회를 놓쳐 버렸다는 생각이 뒤늦게 들면 나는 매우 슬퍼진다. 5년 전 어느 비행기 안에서 있었던 일이 바로 그런 경우였다. 나는 이 일을 교훈 삼아 그 뒤로도 이에 관한 많은 가르침을 전했다. 지난주에도 비행기 안에서 그런 기회를 거의 놓칠 뻔했다. 그렇지만 이번에는 때맞춰 나 자신을 다잡았다. 나는 예전의 실수가 지금 행한 올바른 행동으로 상쇄되었을까 하는 생각이 들었지만, 사실 당치 않은 바람이었다. 올바른 행동은 영속적으로 해야 하는 것이다. 점수에서 비기는 것과 같은 균형점은 없다. 만일 행동이 필요한 상황이고 바람직한 행동을 할 수 있다면 그 행동은 해야만 한다. 마치 모든 번뇌의 사슬을 끊어 버리겠다는 보살의 다짐 같이 거창하게 들릴지 모르지만 사실이 그렇다. 하지만 어려운 일은 아니다. 결정 내리는 일은 갈수록 점점 더 쉬워진다. 다 벗어 던져 버릴 수 없다면, 할 일은 오로지 무엇이 바람직한지 결정 내려 그렇게 행동하는 것뿐이다.

비행기 응급처치 | 나의 실수

보스턴에서 출발하는 샌프란시스코 행 비행기 안에서 안전띠를 매고 자리에 앉아 있었다. 마지막으로 올라온 승객 무리가 부산히 자리를 찾아 들어오고 있을 때, 맨 처음 내 주의를 끈 것은 한 여자의 화난 목소리였다. 고개를 들어 보니 여자는 상기된 얼굴에 무척이나 짜증이 난 표정이었다. 그녀의 어린 아들은 겁에 질려 창백해 보였다. 그녀는 가방을 힘겹게 들고 어린 꼬마를 앞으로 밀치면서 자리를 찾고 있었는데, 걸음을 옮길 때마다 아이를 향해 야단을 쳤다. 나는 그만 기가 질려 그녀를 마음속으로 깎아 내리며 고개를 돌렸다.

여자와 아이는 내가 앉은 좌석에서 뒤로 몇 줄 떨어진 곳에 앉았는데, 여섯 시간이 걸리는 비행 내내 거칠게 말하는 소리가 주기적으로 들려왔다. 그녀의 소리가 들릴 때마다 나는 기분이 나빠져 차라리 다른 비행기를 탈걸 하는 생각이 들 정도였다. 편안한 여행이 되리라는 나의 기대를 무너뜨린 그 여자에게 화가 났다. 꼬마가 걱정되었고, 장차 어떤 인생을 살게 될지 여러 가지 우울한 상상이 떠올랐다. 그가 오늘 한 행동이 장차 언젠가는 그녀를 괴롭히게 될 것이 틀림없다고 생각했다. 사실 나는 그들에게 도움이 될 행동 말고는 모든 것을 다 한 셈이다.

당시로서는 끼어 들 방법이 전혀 생각나지 않았다. 속상한 나머지 내가 가시 돋친 말을 내뱉지나 않을까 염려했기 때문인 것도 같고, 어쩌면 그녀가 내게 화를 낼까 두려웠던 것도 같다. "이 상황에서 어떻게 말하면 좋을까?" 나는 자문했다.

비행기가 착륙하고 여자와 아이가 사람들 틈으로 사라졌다. 그제야 비로소 나는 내가 할 수 있었던 행동이 생각났다. 아마 나쁘게만 생각하던 태도가 누그러지면서 떠오른 것 같다. 그녀에게 다가가 미소지으며 이렇게 말할 수도 있었을 것이다. "혼자서 아이 데리고 다니기 무척 힘들지요? 나도 겪어 봐서 그 고충 안다우. 길을 떠나온 지는 얼마나 됐수? 공항에선 오래 기다렸나요? 어디로 가는 중인가요? 마중 나올 사람은 있나요?" 물론 이런 질문을 전부 하지는 않을 것이다. 한두 가지 정도면 그녀는 내가 그녀의 고충을 알아차리고 관심 있게 말을 걸었다는 사실을 눈치챘을 것이다. 그랬다면 도움이 됐을 것이다.

내가 그녀와 이야기를 나누었다면 어떤 일이 벌어졌을지 누가 알겠는가. 어쩌면 아이를 기르는 좋은 요령을 가르쳐 줄 수도 있었을 것이다. 어쩌면 마음의 변화에 관심을 갖게 만들 수도 있었을 것이다. 어쩌면 그 꼬마의 인생이 달라질 수도 있었을 것이다.

내가 할 수도 있었던 행동이 아주 분명하게 생각났지만 너무 늦은 뒤였다. 나는 가책을 느꼈다. 불교에서는 행동이 행동을 결정한다고 하는데, 나의 행동하지 않음은 더 잘 하겠다는 결심을 결정했다.

비행기 응급처치 | 나의 행동 수정

　5년 뒤, 다시 한 번 나는 보스턴 발 샌프란시스코 행 유나이티드 33기 편에 올랐다. 이 책의 원고 마감이 몇 주 남지 않은 탓에, 여섯 시간이라는 비행 시간까지 모두 글 쓰는 데에 할애할 생각이었다. 하지만 옆자리에 앉은 사람이 문제였다. 그 여자는 끊임없이 뒤척이며 불편해할 뿐만 아니라 나와 이야기를 나누고 싶어하는 눈치가 역력했다. 그녀는 얼마 전에 넘어지면서 꼬리뼈에 멍이 드는 바람에 앉아 있기가 영 힘들다고 했다. 비행기를 타고 가는 동안 담배를 못 피운다는 것도 마음에 걸려 더욱 안절부절못하고 있었다.

　나는 잠시 대화에 응하면서, 그녀가 빨리 안정을 되찾아 내가 무례해 보이지 않으면서도 조용히 글 쓰는 일에 전념할 수 있기를 바랐다. 나는 종이를 이것저것 챙기며 할 일이 있다는 눈치를 주었지만 그녀는 한 가지 이야기가 끝나 내가 고개를 돌리려 하면 매번 새로운 화제를 꺼내 말을 걸어 왔다.

　점심 시간이 오고 또 지나갔다. 나는 밥 먹는 동안 나누는 이야기를 끝으로 다시 제대로 글을 쓸 수 있게 되기를 바랐지만 그렇지 못했다. 그녀는 시간이 갈수록 더 불편해했다. 다친 등도 아프고 담배도 피우고 싶었던 것이다.

　내가 실수하기 직전에 나를 막아 준 사람은 사실 내가 아니라 그녀였다. 우리는 각자 자신의 직업을 소개했고, 그녀는 내가 참선 지도자로서 무엇을 하는지 여러 가지를 물어 왔다. 누구를 가르치는지, 내가 가르치는 것이 스트레스를 받은 사람들에게도 좋은지, 배우기는 어려운지, 어떻게 하면 배울 수 있는지 등을 물었다. 그녀는 무척 관심을 보이며 내게 읽을 만한 책과 들을 만한 테이프, 가서 공부할 만한 곳을 적어 달라고 했다.

결국 나는 포기하고 말았다. 내가 "지금 당장 좌선을 가르쳐 드릴까요? 좀 편안해질지도 모르죠" 하고 묻자 그녀는 "예, 배우고 싶어요, 정말로 배우고 싶어요" 하고 대답했다.

나는 쓰던 글을 내려놓고 좌선에 대해 몇 가지를 가르쳐 주었다. 그녀는 그 상태로 한동안 가만히 앉아 있었다. 그런 다음 우리는 다시 그녀의 소감에 대해 이야기했다.

그녀는 좀더 편안해진 느낌이라고 했다. 우리는 기분이 조금 좋아짐으로 해서 결과적으로 기분이 얼마나 많이 좋아질 수 있는지에 대해서도 이야기를 나누었다. 이젠 도착 때까지 견딜 수 있겠다는 확신이 듦으로 해서 안절부절못하던 것도 사라지고 따라서 기분도 훨씬 나아진 것이다. 인간의 마음이 고통을 받아들일 때 실제보다 더 크게 부풀리는 현상에 대해서도 이야기해 주었다.

나는 문득 내가 지금 즐거운 시간을 보내고 있다는 사실을 깨달았다. 내 바로 옆에서 고통받고 있는 사람을 무시하려 애쓰면서, 바로 그 시간에 헌신적인 선행의 기쁨이라든지 기회가 있을 때마다 자비를 베풀라는 내용의 책을 쓴다는 게 그야말로 어이가 없다는 생각이 들었다. 남은 반시간 동안 그녀는 잠이 들었고, 나는 정말 좋은 글을 쓸 수 있었다.

올바른 말 | 누군가에게 약속하면 그 약속이 영원할 수도 있다

우리 집 근처 짐타운 가게에 있는 팻말에 이런 내용이 있다.

"네가 쓰는 말을 조심하라! 짧고 상냥하게 하라!
그날그날 어떤 말을 다시 주워 담아야 할지 모르니까."

나는 붓다가 올바른 말이라는 별도 항목을 만들었다는 사실을 두고 많은 생각을 했다. 말하는 것 또한 하나의 행동에 속하므로 올바른 행동에 포함시켰더라면 더 효율적이지 않았을까 하는 생각에서였다. 한동안 나는 그 이유를 우리가 말을 많이 하기 때문이라 생각했다. 하지만 나의 이런 생각은 곧 바뀌고 말았다. 실제 말을 많이 하지 않는 사람도 있지 않은가. 지금 나의 생각은 이렇다. 말이 지니는 잠재력이 크기 때문에 별도 항목으로 취급한 게 아닐까.

오래 전에 잡지에서 읽었던 한 줄 짜리 글이 생각났다. 본문 기사가 짧아서 공백을 메우는 용도로 지면 하단에 넣은 글이었다. 무슨 잡지였는지 무슨 기사였는지는 기억나지 않지만, 그 문장만은 확실히 기억하고 있다. "몽둥이와 돌멩이는 뼈를 부러뜨릴지도 모르지만, 말은 언제까지라도 남아 해를 끼칠 수 있다."

이따금 수업 중에 나는 이렇게 말한다. "뼈가 부러진 적이 있는 사람 손 들어 보세요." 사람들이 손을 들고나면 다시 이렇게 말한다. "그때

부러진 뼈가 아직도 아픈 사람은 계속 손을 들고 있어요." 대부분의 손은 내려간다. 그러면 다시 말한다. "작년에 누가 한 말 때문에 아직도 괴로운 사람 손 들어 보세요." 손이 많이 올라간다. "지난 5년 동안 누가 한 말 때문에 괴로운 사람은 손을 계속 들고 있어요." 손이 올라온 채 그대로 있다. "지난 10년…, 20년…, 30년…, 다섯 살이 되기 전에 들은 말." 여전히 손을 들고 있는 사람들이 많이 있다. 이들은 주위를 둘러보며 계면쩍은 미소를 짓지만, 즐거운 사람은 아무도 없을 것이다. 마음 아픈 말로 인한 고통을 안고 사는 우리 모두의 짐을 눈으로 확인하는, 동병상련을 느끼는 소중한 순간이다. 우리는 성숙한 어른이 되고 나면 어릴 적에 들었던 꾸지람은 잊었다고 생각할지도 모른다. 하지만 과연 그럴까. 인간은 상처받기 쉬운 존재다. 마치 부푼 크림처럼, 겉은 굳어도 안은 부서지기 쉽고 아주 부드럽다.

1960년대, "모두 까발리기"가 사회 사조이던 시절 나는 『모두 품어 안고 있기』라는 제목으로 책을 쓰는 상상을 여러 번 했다. 아마도 우리 모두가 부서지기 쉬운 존재임을 잊고 있다는 생각에 내심 불안했던 것 같다. 근년에 들어 나는 책 제목을 이렇게 바꾸었다. 『유익하게끔 말하는 방법을 생각해 낼 때까지 모두 품어 안고 있기』.

나는 우리가 진실을 말할 의무가 있다고 믿는다. 신실을 말하는 것은 사람들에게 관심을 갖는 한 가지 방법이다. 붓다는 완전히 정직하라고 가르쳤는데, 거기에는 사람이 말하는 모든 것은 진실하고 동시에 유익해야 한다는 단서가 붙어 있다.

올바른 말을 가르칠 때 붓다는 말을 바로잡는 지침도 함께 일러

주었다. 그는 충고는 때가 있는 법이며, 진실하고 부드럽고 친절하고 유익해야 한다고 했다. 내가 이런 기준을 들려 주면 사람들은 종종 이렇게 외친다. "그렇다면 다른 사람에게 충고할 수 있을 만한 사람이 아무도 없겠네요!" 하지만 나는 그렇게 생각하지 않는다. 나는 올바른 말을 통해 상대방이 위축되는 느낌 없이 듣고 받아들이게끔 운을 띄우거나 의견을 표시할 수 있다고 생각한다.

올바른 말 연습 | 내가 말하는 것이 침묵을 지키는 것보다 나은가?

올바른 말의 첫 단계는 어떤 상황에서도 고통을 더하지 않도록 말하는 것이다. 이로써 거짓말이라든가 상대방에게 상처를 입히는 말과 같은 명백한 잘못은 제외될 수 있다. 좀 더 높은 수준의 올바른 말은 남이 없는 데서 말하는 것과 같은 불안정한 요인을 덧붙이지 않음으로써 상황의 평형을 유지하는 것이다.

남의 뒷말은 그 자리에 있지 않은 사람에 대해 이야기하는 것이다. 부득이 다른 사람을 대신해서 전달할 필요가 있는 경우를 제외하면 뒷말은 사실 불필요하다. 제3자를 비하하는 말은 듣는 사람에게 나의 불평하는 마음을 함께 나누자고 권하는 것이고, 제3자에 대해 감탄하는 말은 듣는 사람에게 자신은 중요하지 않다는 느낌을 줄 수 있다. 그냥 현재 경험하고 있는 것들에 대해 이야기하는 것이 낫지 않을까.

한 걸음 더 나아간 올바른 말을 연습해 보자. 당장 내일 아침 자리에서 일어나는 순간부터 남이 없는 데서 험담하는 습관을 끊어보자. 그런 다음 어떤 변화가 생기는지 살펴보자. 만약 남에 대해 이렇다 저렇다 이야기하고 싶은 생각이 일면 마음속의 그 목소리를 주의 깊게 듣고 이렇게 생각하라. "내가 이 말을 하려는 까닭은 무엇일까?" 의도를 아는 것이 내가 하고자 하는 논평이 올바른지를 알 수 있는 가장 좋은 열쇠이다. 내 의도는 유익한가, 그 사람을 돕고자 하는 열망인가? 혹시 과시하기 위한 것이나 모욕을 주기 위한 것은 아닐까?

때때로 남에 대해 이야기하는 것은 중립적으로, 대화를 잇기 위한 노력으로, 라디오 아나운서들이 "방송 공백"이라 부르는 공간을 메우기 위한 것으로 보이기도 한다. 또는 우리가 아무 말도 하지 않으면 상대방이 그것을 자신에 대한 무관심으로 받아들일까 염려하여 그러기도 한다. 누군가와 함께 있으면서 "함께 걸어서(또는 식사해서, 음악을 들어서) 정말 즐거우니 꼭 이야기를 나눌 필요는 없어요"라고 말할 수 있다면 그것 또한 행복이다.

나는 말하는 것에 있어 둘째가라면 서러워할 사람들 사이에서 자랐고, 그런 만큼 아무 말도 하지 않는 참선 수련회의 침묵이 그렇게나 즐거울 줄은 정말 생각도 하지 못했다. 누군가와 말없이 샐러드를 만드는 것이 친구를 사귀는 아주 좋은 방법임을 나는 깨달았다. 사실 낯선 사람과 말없이 샐러드를 만드는 공간을 한 주 동안 함께 쓰고 나면 가까운 친구라는 느낌이 자리잡는다.

아주 높은 수준의 올바른 말은 뒷말만이 아닌 모든 의사소통에서 자신이 하고자 하는 말의 의도를 의식할 필요가 있다. 나는 일정 기간의 침묵 수련회에 참가한 뒤 내 자신의 말을 정리하기 시작했다. 집에 돌아온 뒤 며칠이 지나서야 내 말은 원래의 반응 속도로 돌아올 수 있었다. 나는 대답이 마음속에 떠오르는 순간부터 입 밖으로 나오는 순간까지의 시간을 느낄 수 있었고, 그 시간은 내가 말하고자 하는 동기를 충분히 의식할 만한 시간이었다. 그 결과 나의 동기는 꽤 좋은 편이라는 결론이 났지만 내가 상상했던 만큼은 아니었다. 아마 내 대답의 80퍼센트는 사실 묘사이고,

나머지 20퍼센트 중 10퍼센트는 내가 말하고자 하는 바를 재치 있게 말하고 있다는 즐거움이 그 동기이며, 나머지 10퍼센트는 듣는 사람의 이해를 한쪽으로 치우치게 하려는 목적이 있었던 것 같다. 어떤 때에는 그보다 더 나빴다. 마지막 10퍼센트가 표나지 않는 빈정거림으로, 무시당한(또는 당했다고 짐작하는) 데 대한 음험한 앙갚음으로 나타난 경우이다.

한때 나는 어떤 의미를 미묘한 차이로 빗대어 말할 수 있는 나의 능력을 은연중에 독설로 사용하고 있다는 사실을 깨닫고는 무척이나 실망한 적이 있었다. 그리고 이런 감정들은 더 이상 그렇게 말하지 않기로 결심한 후에야 조금씩 나아질 수 있었다. 높은 수준의 올바른 말이라는 것도 사실 알고 보면 그리 어려운 것이 아니다. 일단 마음속에 숨어 있는 의도를 찾아내는 습관이 붙자 나머지는 저절로 이루어졌다. 그 후로는 내 삶이 무척 단순해졌다. 나중에 뒷감당할 일이 많이 줄어들었기 때문이다.

최고 수준의 올바른 말은 n차원에 이를 만큼 진실한 것으로, 흠 잡을 데 없는 존재가 되어야만 가능하다. 나는 이를 짐한테서 배웠다. 짐은 심리학자로 나오는 불교와 기독교의 대화를 주제로 한 어느 회의에서 만나 함께 강의를 맡았던 인연으로 알게 된 사람이다. 이미 그의 책을 여러권 읽었던 나는 그와 함께 저녁 식사를 하게 되어 무척이나 기뻤다.

"화제 A에 대해 어떻게 생각하세요, 실비아?" 가 물었다(여기서 일반화시킨 화제로 나타낸 것은 그 때의 화제가 기억나지 않아서이기도 하고, 짐에게서 배운 것이 화제 내용보다는 대화 방식과 더 관계가 있기 때문이다).

"이렇게, 이렇게 생각합니다." 나는 곧바로 대답하고 이어 물었다.

"B와 C에 대해서는 어떻게 생각하시죠?"

그는 가만히 앉아 있었다. 나는 이렇게 생각했다. "아차, 나 때문에 기분이 상했구나. 너무 개인적인 질문이었나 보다. 너무 여러 가지를 물었거나."

이윽고 그가 말을 시작했다. "B와 C에 대한 제 생각은 이렇고 이렇습니다. D는 어떻게 생각하시나요?"

"아, D." 내가 대답했다. "이렇게, 이렇게 생각해요. E와 F는 어떻게 생각하시나요?"

다시 그는 아무 말 없이 한참을 앉아 있었다. 그때서야 나는 그의 행동이 무엇을 의미하는지 깨닫기 시작했다. 내가 그의 생각을 묻자 그는 시간을 들여 나의 질문에 대해 생각한 것이다. 그는 어제나 지난주가 아닌 지금 생각하는 것을 내게 말해 준 것이다. 나는 그에게서 존중받고 있다는 기분이 들었다. 자신이 지금 생각하고 있는 사실을 내게 말해 줄 만큼 내 질문을 중시한다는 느낌 때문이었다.

최고 수준의 올바른 말을 실천하려면 대화할 때 60초 규칙을 지키는 것으로 시작한다. 질문을 받을 때마다 60초를 기다렸다가 대답하는 것이다. 기다리는 것이 필수이니 만큼, 생각하고 자신의 의도를 되짚어 보고 어조도 미리 고려한다면 그만큼 지혜로운 대답이 될 가능성이 높아지는 것이다.

올바른 직업 | 펄과 다림질

    올바른 직업은 붓다 시절에 비해 지금이 더 실행하기 어려운 것 같다. 하지만 원칙만은 예나 지금이나 마찬가지이다. 올바른 직업은 남을 혹사하거나, 착취 또는 해를 입히는 일 없이 살림을 꾸려나가는 것이다. 하지만 오늘날 이런 혹사와 착취가 반드시 눈에 드러나는 것만은 아니다.

    붓다가 가르치던 시절엔 건전하지 않은 직업은 구분하기가 쉬웠다. 군인이 되는 것, 노예를 부리는 것, 무기와 독물을 제조하는 것, 이런 모든 것이 금기 대상이었다. 하지만 우리 시대에는 군인들이 때로는 평화유지 임무를 수행하기도 한다. 어떤 기업이 만들어 내는 모든 제품이 건전한지 알기란 무척 힘들다. 기업간의 합병이 있고 보니 더욱 그러하다. 내가 쓰는 세제를 만드는 회사의 자회사가 무엇을 만들고 있는지 누가 알겠는가?

    "아무개는 아주 성공한 사람이다"라는 말은 흔히 "아무개는 돈을 많이 벌었다"라는 뜻으로 통한다. 이는 아무개가 꼭 윤리적이거나 도의적이거나 행복하다는 말은 아니다. 붓다는 올바른 직업에 대해 가르치면서 풍요를 배제하지는 않았지만(그는 왕들을 비롯하여 모든 이들을 가르쳤다) 부富에다 근거를 두지도 않았다. 건전한가 하는 것이 직업의 판단 기준이었다.

    내가 보기에, 건전하고 올바른 직업은 전체적으로 볼 때 '이런 직업은 피한다' 하는 외형적인 선택보다도 범위가 넓은 것 같다. 건전한 내면적 선택, 즉 자신의 일에 대한 건강한 태도 또한 정신적인 행복과 마음의 평화에 도움이 된다. 사람은 누구나 자신의 직업에서 자부심을 얻을 수 있다.

나는 아이들이 아주 어릴 적에 대학원에 나가기 시작했는데, 그 때문에 내 친구 펄에게 우리 집 가정부 일을 부탁했다. 나는 명망 있는 학교에 입학한 것이 자랑스러웠고, 펄은 새로 일자리가 생겨 기뻐했다.

펄은 요리를 잘했다. 중서부 풍의 푸짐한 요리를 내놓아 아이들도 좋아했다. 카풀에도 참여하고, 치과 예약을 기억했으며, 아픈 아이들을 돌보았다. 어느 날 저녁, 학교에서 집으로 돌아오니 그녀는 한 주 분량의 다림질을 막 끝내고 있었다. 다림질이 끝난 옷가지는 다림질 나무에 걸려 있었는데, 요즘은 가지고 있는 사람이 거의 없을 것이다.

"이야, 멋지게 다려 놨구나!" 나는 감탄했다. "물론이지." 펄이 대답했다. "난 내 다림질 솜씨가 정말 자랑스러워." 나는 펄의 이 대답에 깨닫는 바가 있어 무척 기뻤다. 30여 년이 지난 지금도 분명히 기억하고 있다. 내가 직업에 대해 차별적인 태도를 지닌 것은 아니었다. 나는 결코 그런 사람이 아니다. 단지 그 순간 펄에게서 배운 것은, 외형적으로 내가 하고 있는 일은 절반의 의미밖에 지니지 않는다는 사실이다. 내면적으로 그 일이 나에게 해 주는 것이 그 나머지 절반이다!

올바른 노력 | "기억하세요, 행복하세요"

올바른 노력에 대한 전통적인 설명은 직선적이다. 붓다는 건전과 불건전이라는 특별한 말로써 행복으로 이어지는 것과 불행으로 이어지는 것을 설명했다. 기준은 이렇다.

친근감, 자비심, 관대함 같은 건전한 느낌이 마음속에 있으면 그것을 찾아 자라도록 북돋아 주고, 그런 감정을 가지고 행동함으로써 행복을 이끌어 내는 훈련을 쌓도록 해야 한다는 것이다. 반대로 노여움과 탐욕 같은 불건전한 느낌이 마음속에 일어나는지를 살펴보고, 그런 느낌은 자라나지 않도록 경계해야 하며, 나아가 그같은 불건전한 느낌을 마음속에서 몰아내야 한다.

나는 붓다가 말한 내용이 우리에게 마음 상태에 대한 선택권이 있음을 뜻한다고 믿는다. 말은 쉬우나 행동은 어렵다. 탐욕과 노여움은 문득 솟구쳐도 어마어마한 파급 효과가 있으며, 유혹적이기까지 하다. 붓다가 올바른 선택이라 하지 않고 올바른 노력이라 이름 지은 것도 어쩌면 그 때문일지도 모른다.

한번은 늦은 비행기로 돌아오는 남편을 마중하러 한밤중에 오클랜드 공항으로 차를 몰고 나간 적이 있다. 아무도 없는 고속도로는 단조로웠나. 나는 몽롱해지기 시작했고, 다음 순간 내가 운전중에 졸지도 모른다는 생각에 정신이 번쩍 들었다. 순간 문득 지나치는 생각 가운데 먼 친척과 있었던 문제가 떠올랐고, 그가 나를 두고 했다는 말 때문에 화가 났다.

"뻔뻔하기는!" 나는 생각했다. 그런데 그 순간 내가 졸음에서 깨어 있다는 사실을 발견했다. 노여움이 생기자 일순간에 졸음이 달아난 것이다.

"와, 굉장한데!" 나는 새로운 발견을 자축했다. "마음 상태는 바뀔 수 있는 거야. 지금의 상태를 다른 상태로 바꿀 수 있어. 화가 나는 생각을 떠올림으로써 깨어 있을 수 있어."

나는 바로 이 깨달음을 실천했다. 공항까지 가는 내내 화나는 일을 기억해 내며 여러 가지 대사를 읊었다. 내가 말한 것, 내가 말했다고 그녀가 말한 것, 내가 말했다고 그녀가 말한 내용을 다른 사람들에게 내가 말한 내용 등등. 공항 주차장에 차를 댈 무렵 나는 완전히 깨어 있었다. 확실하게 기억나지는 않지만 아마도 나는 약간 공격적이고 예민해지기도 했던 것 같다. 귀가하는 사람을 맞이하기에 적당한 마음 상태는 아니었던 것이다.

이틀 뒤 나는 그날 밤 운전중에 있었던 일을 선생님께 이야기했다. 마음과 몸의 연관관계에 관해 새로이 깨닫게 된 것을 축하해 주리라 생각했다. 그는 웃으면서 이렇게 말했다. "그렇죠. 마음 상태를 바꿀 수 있다는 건 맞는 말이에요." 그리고 덧붙였다. "그렇지만 섹시한 생각으로도 깨어 있을 수 있었을 거예요. 그럼 더 재미있었겠죠." 그랬더라면 필시 집으로 돌아오는 사람을 더 반갑게 맞이할 마음 상태가 되었을 것이다.

훨씬 나중에, 나는 문득 들솟는 탐욕과 노여움은 즐겁거나 불쾌한 경험에 대한 자연적인 반응이지만, 어느 쪽이든 계속 머물러 있으면 지친다는 사실을 이해하기 시작했다. 열망도 혐오도 모두 길어지면 지치고 기운이 빠진다. 마음에 피로를 불러오는 것이다.

이 또한 감정을 몰아내지 못하게 하는 이유 가운데 하나다. 아마 너무나 지친 나머지 헤어나지 못하거나 꿰뚫어보지 못하는 것 같다. 우리는 자신에게 주의를 환기시킬 만한 지침이 필요하다. 때로는 다른 사람들이 우리의 주의를 환기시켜 줄 필요가 있다.

어느 날 저녁 나는 친구를 만나기 위해 자동차를 몰아 금문교를 지나가고 있었다. 함께 오페라를 볼 계획이었다. 그런데 무엇 때문인지는 몰라도 나는 기분이 잔뜩 언짢아 있었다. 나는 샌프란시스코를 에워싸고 있는 만(灣)에 저녁 등불이 켜지기 시작하는 아름다운 풍경을 완전히 놓치고 말았다.

나는 요금소로 차를 몰고 들어갔다. 통근 통행권을 요금원에게 내밀자 그는 이렇게 말했다. "아주 멋진 저녁 되세요." 순간 '획' 하고 경각심이 전율처럼 내 등줄기를 타고 흘렀다. 이런 생각이 들었다. "도대체 내가 뭘 하고 있었을까? 사랑하는 친구를 만나 내가 좋아하는 일을 하려는 참인데 이렇게 뚱해 있다니."

두말할 것도 없이 지금 이 순간 세상에는 슬픈 일이 존재한다. 이 순간 내 인생에도 분명 슬픔은 존재한다. 그러나 투덜거린다 해서 나아지는 것은 아무 것도 없다. 오히려 더 나빠지고 만다. 붓다는 가르치기를 "모든 순간의 마음은 다음 순간의 마음을 만들어 낸다"고 했다. 투덜대면 마음은 자신이 담고 있는 내용에 지쳐 늪에 빠져든다. 행복은 이런 마음을 다시 건져 올려 살아나게 한다.

내게 자비선법lovingkindness meditation을 가르쳐 준 샤론은 학생과의 면담을 이런 말로 끝내곤 했다. "기억하세요, 실비아. 행복하세요!" 오랫동안 나는 그게 캘리포니아 사람들이 늘 말하는 "좋은 하루 되세요!"를 나름대로 바꾼 인사말인 줄로만 알았다. 한참이 지난 다음에야 비로소 나는 그게 가르침이라는 것을 깨달았다.

올바른 집중 | 충격 완화장치

붓다는 올바른 집중이란 한 가지 일에 주의를 집중하는 능력이라 가르쳤다. 하나의 초점에 관심을 기울이면 마음속에 특별한 성질이 생겨난다. 특히 중요한 것은 편안하고 안정되고 이완된 기분이다. 전통적인 용어로는 이런 상태를 "삼매"라 부른다.

나는 한동안 "바느질과 뜨개질을 통한 집중 훈련"이라는 제목으로 강의를 한 적이 있다. 우리는 선방에서 두 시간씩 모임을 가졌다. 처음 한 시간 동안은 모두 말없이 앉아 바늘을 놀렸다. 사람들은 대바늘이나 코바늘로 뜨개질을 하거나, 수바늘이나 니들포인트로 수를 놓았다. 들리는 소리라고는 뜨개질하는 바늘의 탁탁거리는 소리, 화포畵布나 헝겊을 뚫고 지나는 실의 슥슥거리는 소리, 그리고 겨울에는 주로 빗소리뿐이었다. 이 시간이 지나면 나머지 한 시간은 바느질을 하면서 이야기를 나누었다.

우리는 우리가 하고 있는 공예 작업에 대해서는 한 번도 말한 적이 없다. 우리는 각자의 삶과 두려움, 고생, 슬픔에 대해 말했다. 우리는 평온한 상태에서 서로에게 말하고 안정된 상태에서 그 말을 들었다. 수업이 끝나고 나면 모두들 이구동성으로 한 시간에 걸친 집중 수행 덕분에 그토록 깊은 대화를 나눌 수 있었다고 말했다. 집중하기 수행은 마음을 강화하는 동시에 부드럽게 한다. 이는 모순이 아닌 사실이다. 집중의 효과를 내가 처음 발견한 것은 1977년 워싱턴 주에서 있었던 2주간의 침묵 참선 수련회 끝 무렵이었다. 수련회의 모든 것이 나에게는 생소하고 어려웠다. 오랜 시간 꼼짝도 하지 못하고 앉아 있었던 탓에 온몸이 쑤셨고, 졸음과도 씨름해야 했다. 거기다 가르침은 혼란스럽기 짝이 없었다.

하지만 시간이 지날수록 나는 그런 경험을 마음의 때가 씻겨 나가는 현상이라 생각하기 시작했고 결국 수행이 성공적으로 끝나리라는 예감이 들었다. 날이 갈수록 육신의 고통도 사라지고 졸음도 이겨 낼 수 있었다. 그렇다고 해서 나에게 특별한 변화가 일어난 것은 아니었다. 마지막 날, 만일 누가 내게 "당신은 달라졌나요?" 하고 물었다면 나는 "아니오"라고 대답했을 것이다.

그날 저녁, 침묵 수행이 끝난 뒤 나는 캘리포니아의 남편에게 전화를 걸어 마중 나올 것을 부탁했다. 남편과 이야기를 주고받는 동안 나는 아버지에 대해 물었다. 내가 수련회에 오기 전부터 몸이 부쩍 야위는 듯했기 때문이다. 남편은 대답했다. "당신에겐 솔직히 말하리다. 안 좋은 소식이요. 장인어른은 암에 걸리셨소. 치료가 불가능하다더군." 그 순간 나는 정말 달라졌다는 것을 깨달았다.

나쁜 소식은 대개 커다란 망치로 머리를 얻어맞는 느낌이다. 아버지에 대한 소식을 듣는 그 순간 나는 내가 그 소식을 특이한 방식으로 받아들이고 있음을 깨달았다. 슬픔을 느끼지 않았다는 것은 아니다. 가슴이 아려왔다. 아버지는 젊고 건강했으며, 나의 좋은 친구이기도 했다. 그 소식은 나에게 커다란 망치 같긴 했지만, 다만 벽돌담이 아닌 매트리스 위를 내려치는 망치 같았다. 부들거리는 떨림을 느꼈지만 벽을 부수는 충격은 아니었다. 나는 고통과 함께 아주 깊은 슬픔을 느꼈다. 그리고 잠시 뒤 다른 참석자들 몇 명과 어울려 차를 마셨다.

슬픔에 무감각해지도록 마음을 뜯어고치고 싶은 생각은 없다. 오히려 깊이 느끼기를 원하며, 상처를 받을 때마다 더욱 큰 자비심을 느낀다. 나는 내 자신을 쉽게 상처받도록 내버려 두는 것 같다. 돌이킬 수 없을 만큼 부서지지 않으리라는 것을 알기 때문이다.

올바른 깨어있기 | 아버지와 「잃어버린 성궤를 찾아서」

깨어있기란 현재의 경험을 의식이 깨어 있는 상태에서 균형 있게 받아들이는 것을 말한다. 그 이상 복잡한 것이 아니다. 이는 즐겁든 즐겁지 않든 있는 그대로, 집착하지도 거부하지도 않으면서 현재의 순간에 대해 마음을 열고 받아들이는 것이다. 깨어있기 수행의 목적을 이해하는 길은 세 가지가 있다.

첫 번째 길은 그것이 어떻게 지혜로 이어지는지를 보는 것이다. 사람이 점점 더 정신을 차리고 균형 잡힌 상태로 갈수록, 삶의 경험 속에 담긴 근본적인 진실은 통찰 가운데 절로 드러나게 된다. 가르침에서는 말하기를, 통찰력을 키워감에 따라 본질적으로 붙잡을 수 없는 것에 계속 집착하려는 습관적 성향이 점점 사그라지고 고통이 줄어든다고 했다.

수행의 효과를 이해하는 두 번째 길은, 수행 그 자체가 불편함으로부터 달아나고자 하는 습관을 마음에서 제거한다는 것이다. 몇 시간이고 자리에 앉아(또는 서서, 걸으면서, 먹으면서, 무엇을 하든지), 저절로 나타나는 심신의 모든 상태를 그대로 겪으면서 일관되게 고요히 깨어 있는 상태를 유지하는 연습을 한다. 그런 동안 자신이 겪고 있는 현재 순간의 경험을 바꾸려는 아무런 행동도 하지 않고, 그저 그 경험이 견딜 만하다는 사실만을 발견한다. 이렇게 하여 수행 그 자체가 매 순간마다 일어나는 마음의 동요에 대한 대비책이라는 점을 알게 된다.

세 번째 방법은 깨어있기 수행 자체를 해탈로 이어지는 수단이라기보다 해탈 그 자체로 받아들이는 것이다. 비판하고 선호하고 거부하고 갈망하는 마음의 긴장으로 인해 흔들리는 일이 없는 명료한 순간은 모두 해탈의 순간이다. 우리에게는 순간뿐이다. 우리가 가질 수 있는 것은 지금뿐이다. 미래의 안락함을 위해 현재 얻는 해탈의 순간들을 쓰지 않고 비축해 두는 것도 괜찮은 생각이긴 하지만, 그렇게 한다고 해서 영원한 해탈이 보장되지는 않는다. 미래의 해탈에 대한 기대 때문에 올바른 뜻과 올바른 노력이 생겨날지도 모르지만, 그로 인해 현재 마음속에서 갈등을 일으킨다든지, 또는 빈곤이나 온전치 않은 느낌이 든다면 현재에는 해탈이 없는 셈이다.

불교나 그 밖의 많은 참선수행자들은 필시 호랑이에게 쫓겨 벼랑으로 내몰리는 스님 이야기를 알고 있을 것이다. 그는 절벽에 드리운 덩굴을 붙잡고 아래로 뛰어내린다. 아래에는 죽음이 확실한 낭떠러지요, 위에는 으르렁거리는 호랑이가 있다. 공중에 스님이 매달려 있는데 쥐가 나타나 덩굴을 갉아먹기 시작한다. 불안하기 짝이 없는 상황이다. 그런데 그가 매달려 있는 절벽 바로 눈앞에 산딸기가 나 있는 것이 보인다. 그는 딸기를 따먹고 이렇게 말한다. "고 딸기 한번 참 달구나."

내 아버지는 다발성 골수종으로 돌아가셨다. 치료할 수는 있어도 치유될 수는 없는 암이다. 7년이라는 투병기간 동안 아버지는 떨어지는 기력과 깊어 가는 고통을 확고한 극기로 대처하셨다. 움직일 수도 없이 처음에는 지팡이에, 다음에는 보행기에, 다음에는 휠체어에 의지했다. 그런 와중에도 왕성한 사회활동을 계속하셨다. 아버지와 나는 종종 죽음이 임박했다는 이야기를 공개적으로 주고받았지만 결코 낙심하거나 절박하게 받아들이지 않았다. 만일 다시 태어난다면 어느 손자 집이 가장 좋겠는가 하는 농담도 주고받았다.

　　　　병세가 상당히 악화된 어느 날 아버지는 기분이 유달리 처져 보였다. 하루가 저물려면 아직 많은 시간이 남아 있기에 나는 이렇게 말했다. "우리, 영화 보러 가요." 아버지는 믿을 수 없다는 듯 나를 쳐다보고 말씀하셨다. "난 곧 죽을 사람이야!" 나는 대답했다. "알아요. 그렇지만 오늘은 아니에요." 우리는 「잃어버린 성궤를 찾아서」라는 영화를 재미있게 보았고, 아버지께서 가장 좋아하시는 퍼시픽 카페에서 저녁도 먹었다. 다음 날 아버지는 폐렴이 도져 입원하셔야 했다. 그리고 그 일이 있은 후 몇 주 뒤에 돌아가셨다.

CHAPTER III
명료한 인식에 대한 방해물

래리 킹과 요가 수행자

시대가 시대이니 만큼, 나는 텔레비전 토크쇼에서도 정신세계에 대한 몇 가지 정보를 얻었다. 특히 래리 킹이 힌두교의 어느 요가 수행자를 인터뷰한 것이 기억에 남는다. 그 수행자가 정확하게 무엇을 말했는지 기억나지 않지만, 몸가짐이 차분하고 단정해 보였던 기억은 난다. 시청자의 전화는 비교적 적대적이었고 회의적인 경우도 많았다. 그럼에도 그는 자기 자신에 대해 확고하고 만족하는 듯한 분위기를 풍겼으며, 모든 질문에 분명하고 정확하게 답하면서도 은근한 유머까지 곁들였다. 래리 킹은 직선적이고도 캐묻는 듯한 질문 방식으로 유명한 사회자이다. 질문 도중에 그는 그 수행자 쪽으로 몸을 기울이며 그의 태연한 눈을 들여다보고 말했다. "어떻게 그처럼 속이 평온할 수 있습니까?" 수행자는 이렇게 대답했다. "속은 원래 평온하지요. 그저 우리가 많이 헝클어 놓을 뿐입니다."

이 수행자의 말이 옳다는 것을 여러분이 직접 집에서 확인해 볼 수 있는 방법 하나를 소개한다. 건강한 상태일 때, 또는 적어도 신체적 고통이 없을 때 완전히 혼자 있을 수 있는 시간을 고른다. 배가 고프거나 졸려서는 안 된다. 편안한 의자를 골라 앉아 편안한 기분을 즐긴다. 눈을 감고 있어도 좋고, 뜨고 있어도 좋다.

주위를 둘러보며 그 자체를 즐겨도 된다. 그저 편안한 기분을 즐긴다. 아무 것도 하지 않고 그냥 편안한 기분만을 즐기는 것이다. 이 책의 다음 페이지를 읽기 전에 적어도 15분 동안 이렇게 편안한 기분을 즐겨 보자. 그리고 나서 다음 페이지로 넘어간다.

- 자, 15분 내내 편안하게 느꼈는가?
- 가만히 앉아 편안하고 안락한 기분을 즐기기만 했는가?
- 떠오르는 생각 때문에 편안한 기분이 흔들리기까지 얼마나 걸렸는가?
- 어떤 생각이었는가?
- 이런 저런 욕구가 생겼는가?
- 이런 생각을 했는가? "좀더 편안한 의자를 고를걸. 이건 우리 집에서 제일 편안한 의자가 아니야. 다음에 이 실험을 할 때에는 정말 편한 의자에 앉아야지."
- 성가시다는 생각이 들었는가? 아니면 이런 생각을 했는가? "에이, 옆집에서 망치질을 하고 있잖아. 저런 소리만 안 들리면 15분 동안 완벽하게 조용한 시간을 즐길 수 있을 텐데 말이야."
- 안절부절못했는가? "흠. 가만히 앉아 있다는 게 생각만큼 편안하지는 않네. 동네나 한 바퀴 산책하는 게 좋지 않을까? 아참, 수지에게 내가 전화한다 해 놓고 깜박 했잖아. 앉기 전에 거는 건데 말이야. 그 애가 날 어떻게 생각할지 이제 슬슬 걱정이 되는군. 한 번도 제때 전화해 주지 않는다며 이젠 친구로 지내고 싶지 않다 그러면 어쩌지?"
- 졸리기 시작했는가? "이거 정말 지루하네. 인도의 수행자들한테는 별 거 아닌지 몰라도, 만일 이게 참선수행자들이 하는 거라면 난 참선이 체질적으로 안 맞나 봐. 그냥 남은 시간 동안 눈이나 잠시 붙일까보다."
- 이런 생각을 했는가? "이건 웃기는 실험이야. 이게 깨달음을 얻는 거랑 무슨 관계가 있지? 이 책 괜히 샀나 봐. 난 왜 언제나 이 모양이지? 바보 같이 충동구매를 하다니!"

위에 있는 생각 중에 몇 가지나 떠올랐는가? 위에 있는 생각 모두가 떠올랐는가?

근본적으로 그 요가 수행자의 말은 옳다. 속은 원래 평온하다. 휘저어질 때까지는 그렇다. 그러나 억지로 휘젓는 것도 아니고 일부러 휘젓는 것도 아니다. 우리는 자신의 삶을 일부러 복잡하게 만들고자 하지는 않는다. 마음이 고약해서 그런 것도 아니다. 평온하지 않은 것으로 치자면 다른 사람들의 마음속도 별반 다르지 않다. 혼란스런 에너지로 인해 동요하는 것은 마음이 원래 지닌 천성이다. 맑고 고요한 물 위로 오가는 바람이 수면을 뒤흔들어놓아 결국 그 속이 보이지 않게 되는 것과 같은 이치다. 참선수행을 한다고 해서 물결이 멈추지는 않는다. 해탈한 사람들은 언제나 어떠한 물결도 꿰뚫어볼 수 있는 것뿐이다. 나와 같은 보통 구도자들은 그저 그게 물결에 지나지 않으며, 그게 본래 모습이 아니라는 사실을 기억할 수만 있다면 대만족이다.

앨버커키의 마음

우리는 스스로에게 여러 가지 이야기를 하고, 하고 또 한다. 우리는 자신을 당혹케 하고 심지어 겁을 주기도 한다. 두려움은 언제나 '~일 수도 있었던' 또는 '~일 수 있는' 것과 결부돼 있지, 지금 벌어지고 있는 것은 아니라는 사실을 잊는다. 우리는 또 지금 벌어지고 있는 것이 그리 오래 가지 않으리라는 사실 또한 잊어버린다.

몇 년 전에 나는 앨버커키에서 참선 강좌를 맡은 적이 있다. 벽 한가운데에 커다란 창이 있는 방이었다. 내가 앉은 자리에서는 거대한 언덕과 그 뒤로 멀리 아름다운 상그리 디 크리스토 산맥이 보였다. 언덕을 가로질러 찾아오는 바깥 날씨는 매번 좌선이 시작될 때와 끝날 때가 확연히 달랐다. 눈을 감을 때에는 햇빛이 비쳤더라도 45분 뒤 눈을 뜨면 건물 주위로 눈보라가 휘날리기도 했다. 눈보라가 칠 때 눈을 감으면 눈을 떴을 때에는 비가 내리기도 했다. 그러다가도 이내 햇빛이 비치는가 싶더니 건물 주위로 세찬 바람이 휘몰아친다. 바람이 문득 멈추고 장밋빛 저녁놀이 언덕과 산맥을 에워싸다가도, 어느새 살며시 눈이 내리기 시작한다.

이런 생각이 들었다. "날씨가 정말 마음 같구나!" 내 주위에 앉아 좌선에 든 스물다섯 명을 둘러보았더니 다들 평온한 얼굴로 조용히 앉아 있었다. 그리고 내가 이 사람들 개개인에 대해 조금씩 알고 있고 또 내 자신에 대해서도 잘 아는 까닭에 지금 내 눈에 보이는 광경은 절반뿐이라는 것또한 알 수 있었다.

나는 머리 속에서 다음과 같은 만화를 그렸다. 자리에 앉아 좌선

중인 다섯 사람을 그린다. 다들 담요와 숄로 몸을 감싸고 눈을 감은 채 평온한 얼굴을 하고 있는데 몸집은 다르다. 얼굴은 모두 똑같다. 그리고 이들 각각의 머리 위에는 각각의 마음속에서 진행중인 생각을 나타내는 말 풍선이 달려 있다. 말 풍선 속에는 그림을 그려 넣는다. 어떤 데에는 과일 아이스크림과 피자를 그려 넣고 또 어떤 사람 위에는 야자수 늘어진 하와이의 해변을 그려 넣는다. 아니면(비록 어떻게 그려야 할지는 모르지만!) 격정적인 섹스 그림도 그려 본다. 또 다른 말 풍선 속에는 전쟁이나 사람들이 싸우는 그림, 또는 글로 옮기기 적절치 못한 말을 뜻하는 "#&*@#$%" 같은 감탄 표시가 있다. 어떤 풍선에는 어두운 구름이 끼어 있다. 또 다른 풍선에는 천둥 번개가 치거나, 화산이 폭발하는 장면이 한가운데에 등장한다. 어리둥절한 표정으로 손바닥을 위로 한 채 어깨를 으쓱 하는 몸짓을 담은 풍선도 있다. "모르겠다"는 표시다. "모르겠다" 풍선의 배경에 물음표를 잔뜩 그려 넣는 것도 좋겠다. 그런 다음에는 여섯 번째 사람을 등장시킨다. 이 사람의 풍선 안에는 아무 것도 없다.

    이 그림에서 내가 말하고자 하는 내용은 풍선 속에 아무 것도 없는 사람을 부러워하라는 뜻이 아니다. 사실 페이지마다 같은 그림을 그려 넣어 책을 한 권 만드는 상상도 해 보았다. 담요로 몸을 감싼 사람들이 한결같은 얼굴로 앉아 있고, 오로지 사람마다 붙어 있는 풍선의 내용만 다르다. 말하자면 의자 뺏기 놀이를 의자 대신 마음으로 하는 셈이다. 같은 사람이 다른 의자에 앉게 되는 것처럼, 같은 사람이 다른 마음 상태를 경험하는 것이다. 사실이 그렇기 때문이다. 마음 상태는 오고 간다. 평온한 마음 상태도 마찬가지이다.

사람은 너나 없이 온갖 종류의 마음속 에너지와 거기에서 일어나는 여러 가지 예상 가능한 폭풍을 경험한다. 이러한 마음 상태는 에너지의 자연스런 썰물과 밀물에 따라, 즐겁고 불쾌한 경험에 대한 마음의 정상적인 반응에 따라 생겨난다. 이는 더없이 자연스럽다. 겁낼 필요도 없고 특별히 문제삼을 필요도 없다. 우리가 다른 혹성으로 이사를 갈 경우, 만약 누군가가 그곳에 어떤 종류의 폭풍이 있는지를 우리에게 귀띔해 준다면 미리 대비하는 데에 도움이 될 것이다. 지구라는 이 혹성에 사는 사람들 역시 날씨의 모든 변화에 대처하는 방법을 알기 때문에 비교적 잘 지낼 수 있는 것이다.

불안정한 마음 상태의 몇 가지 메뉴

불교에서는 욕망, 혐오, 나태, 산란, 회의라는 다섯 가지 에너지를 "마음의 장애(번뇌煩惱)"라 부른다. 이들을 마음의 장애라 부르는 것은 이들이 우리의 시야를 흐려 놓아 명료한 인식을 방해하기 때문이다. 사막의 모래폭풍이나 고속도로의 안개 때문에 여행자가 길을 잃는 것과 같은 이치다. 이들은 우리가 우리의 본성인 평화로운 자아를 향해 다가가는 것을 방해하고 우리를 혼란에 빠뜨린다. 우리는 이런 것들을 진실로 받아들인다. 우리는 지나가는 폭풍이 우리의 본성이 아니라는 사실을 잊는다. 지나가는 폭풍은 지나가는 폭풍이다. 우리의 본질은 언제나 본질 그대로 남아 있다.

이 다섯 가지 에너지는 많지 않아 보이지만, 끝없이 다양한 모습으로 나타난다. 과일 아이스크림은 피자가 아니고 피자는 섹스가 아니다. 그렇지만 근본적으로 이들은 욕망의 대상이다. 이웃이 음악을 너무 크게 틀었을 때의 불만, 대통령이 나라를 제대로 경영하고 있지 못하다는 불만에 불을 지르는 것은 혐오라는 에너지다. 불만은 불만이고, 나태는 나태이며, 산란은 산란이고, 회의는 회의이다.

원래 마음속에서는 폭풍이 불기도 하고 잦아들기도 한다. 그러나 사실 그것은 문제되지 않는다. 날씨가 자주 변하는 지역에서 산다고 해서 그것이 문제되지 않는 이치이다. 그렇다 해도 여러 가지 날씨에 맞게 옷을 챙기고, 날씨가 나빠질 때에는 집 안에 머무르는 지혜가 필요하다. 날씨가 곧 좋아지리라는 사실을 염두에 두어 상쾌한 기분을 유지하는 것 또한 도움이 된다. 다루기 힘든 마음 상태가 문제되는 것은 오로지 그런 상태가 영영 지속되리라 믿을 때뿐이다. 그리고 그때 마음속의 불편한 에너지는 우리를 위협하기 시작한다.

우리에게는 두 가지 종류의 두려움이 있다. 하나는 현재의 상황이 영원히 계속될 것 같은 두려움이다. 하지만 이는 사실이 아니다. 영원히 지속되는 것은 아무 것도 없다. 다른 한 가지는, 영원히 지속되지는 않는다 해도 현재의 상황이 너무나 고통스러워 견딜 수 없을 것만 같은 두려움이다. 이 두려움에 관해서는 우리가 모르는 중요한 진실이 하나 있다. 우리 인생에서, 아주 쉽게 상처받는 우리네 육체와 아주 쉽게 상처받는 우리네 관계에, 힘든 시기가 전혀 오지 않는다고 말할 수는 없다. 그렇다 하더라도 나는 우리가 스스로를 과소평가 한다고 생각한다. 때로는 무척 힘들겠지만 나는 충분히 이겨 낼 수 있다고 믿는다.

마음속에 힘든 마음 상태가 불어오면, 우리는 그 순간 겁을 먹고 그 마음 상태와 씨름하기 시작한다. 바꾸려 하거나 아예 없애버리려 한다. 하지만 그럴수록 씨름은 격해지고 마음은 더욱 불편한 상태가 되고 만다.

어린이 만화에서 흔히 보는 장면이 있다. 주인공이 흥겹게 길을 가다가 문득 진창을 딛는다. 엉겁결에 얼른 빠져 나오려다 엎어지고 자빠지고, 결국 진창에 범벅이 된다. 아이들조차도 이 상황을 어떻게 해결해야 하는지 알고 있다.

최선의 방책은 당황하지 말고 상황을 인식하는 것이다. "이건 진창이야. 디딜 때에는 몰랐지만 딛고 나서야 진창이라는 걸 알아차렸지. 하지만 이건 그냥 진창일 뿐이야. 그렇다고 온 세상이 다 진창인 것은 아니야. 지금 이 상황에서 어떻게 하는 것이 가장 좋을까 생각하자고."

수프와 포크

우리는 여러 가지 다른 모습으로 나타나는 마음의 에너지를 알아보지 못하고 스스로 문제를 만든다. 마음의 에너지는 마치 추수감사절에 유령처럼 차려입은 옆집 아이와 같다. 문을 열었을 때 옆집 아이가 헝겊을 걸치고 서 있으면, 유령 같아 보이더라도 우리는 그냥 옆집 아이인 것을 알아본다. 같은 이치로, 나는 내 인생의 드라마가 갖가지 차림으로 나타나는 내 마음의 에너지라는 점을 기억함으로써 좀더 여유 있게 대처한다.

사건 자체가 아니라 마음 상태가 우리의 경험을 결정한다는 것을 알 수 있는 예를 하나 소개한다.

첫 번째 시나리오 사람을 사귀었는데 관계가 시들해졌다. 당신도 상대방도 관계가 잘 발전하지 않아 좌절하고, 기대에 맞춰 주지 못해 서로에게 실망하고 화가 나 있다. 두 사람은 다시 한 번 대화를 시도해 보기 위해 마지막으로 만남을 갖는다. 둘은 모든 일을 접어두고 바닷가로 나간다. 하지만 시간이 갈수록 당신도 상대방도 관계가 어긋나게된 쓰라린 기억을 점점 더 많이 떠올리게 된다. 결국 당신은 지치고 화가 난다. 시내로 돌아오면서 둘 다 배가 고파 식당에 들러 저녁을 먹는다. 상대방이 포크로 수프를 먹는다. 당신은 생각한다. "이건 생각보다 심해! 저 멍청이가 포크로 수프를 먹고 있잖아!"

두 번째 시나리오 당신은 완전히 사랑에 빠진다. 상대방도 당신을 열정적으로 사랑한다. 둘은 바닷가로 놀러 나간다. 모래밭에 눕고, 릴케를 읽고, 물장난을 치고, 사랑을 나눈다. 시내로 돌아오면서 둘 다 배가 고파 식당에 들른다. 상대방이 포크로 수프를 먹는다. 당신은 생각한다. "에구, 귀엽기도 하지. 포크로 수프를 먹다니!"

나는 사람들이 "우리는 자신의 현실을 스스로 만들어 낸다"고 하는 말이 바로 이런 뜻이라 생각한다. 1970년대에 그 말을 처음 들었을 때 나는 이해하기 힘들었다. 아무리 애를 써도 내일 해가 서쪽에서 뜨게 할 수 없고, 친지들의 병이 기적적으로 낫는 현실을 만들어 낼 수 없다. 그렇지만 한 가지 현실은 만들 수 있다. 모든 경험을 바라보는 나의 관점이다.

욕망

욕망은 마음을 괴롭히는 에너지 가운데서도 제일 먼저 거론되고는 한다. 욕망은 도전적이며 흥미로운 에너지로, 그 단어 자체가 어느 정도 도발적인 느낌을 가지고 있다. 누군가가 무엇에 대해 욕망을 느낀다고 말할 때, 우리 머리 속에 제일 먼저 떠오르는 것은 아이스크림이나 피자 같은 것이 아니다.

욕망은 민망스럽다. 한번은 내가 가르치던 반에서 학생들에게 각자 자기 인생에서 가장 다루기 어려웠던 마음의 에너지가 있다면, 그것이 무엇인지 말해 보라고 한 적이 있다. 대다수는 노여움이나 혐오를 가장 대처하기 힘든 마음 상태로 꼽았다. 말하는 학생들은 그런 사실을 자연스럽게 인정하는 듯 보였고, 듣는 학생들 역시 놀란다거나 어색해 하지 않는 듯 보였다. 그때 한 남자가 말했다. "글쎄요, 저는 욕망이 가장 힘든 것 같아요." 눈에 띄게 움직인 사람은 아무도 없었지만, 모두가 움츠러드는 것을 느낄 수 있었다. 그리고 방 안에 어색한 웃음이 번졌다. 부드럽고 상냥한 성격에다 존경받는 직업을 가진 이 사람이 갑자기 완전히 불건전한 사람이 되어 버린 것이다.

전통적으로는 욕망을 성(性)적인 에너지로 보지만, 내가 보기에는 무엇인가를 바라는 에너지로 보는 것이 가장 이해하기 쉬운 것 같다. 이는 어떤 특정한 것을 갖지 못하면 마치 행복해질 수 없을 것만 같은 느낌의 에너지이다. 즉, 심리적인 빈곤감인 것이다. 당신도 그런 느낌이 든 적이 있는가? 일어나서 냉장고 안을 들여다볼 때, 냉장고 문을 열고 서 있을 때

정작 자신이 원하는 게 무엇인지 모르지만 무엇인가를 원하고 있다는 사실은 느낀다. 이는 우리로 하여금 갑자기 텔레비전을 켜서, 혹시라도 재미있는 게 있을까 하여 리모컨으로 채널마다 돌려 보게 만드는 것과 흡사한 에너지이다.

허전한 마음은 그냥 허전한 마음일 뿐, 생물적인 요구와는 완전히 별개로 존재할 수 있다. 몇 년 전 손녀 레아가 두 살이 되던 해 아이의 남동생이 태어났다. 아이의 엄마가 병원에 있던 그 날 밤 레아의 외할머니 노에미와 나는 레아와 함께 집에서 지내야만 했다. 우리는 아이를 그야말로 극진히 보살폈다. 아이에게 우리는 전혀 낯선 사람이 아니었고, 게다가 우리는 레아가 편안하도록 정성을 다했다. 하지만 우리의 이런 노력에도 불구하고 저녁 무렵이 되었을 때 아이가 엄마의 부재를 느끼고 있다는 걸 발견할 수 있었다. 아이가 "주스 줘" 하면 우리는 주스를 갖다 주었고, 또 "과자 줘" 하면 과자를 갖다 주었다. 하지만 그것도 잠깐, 아이는 얼마 못 가 "이제 책 줘" 하고, 또 조금 있다가는 "그림 맞추기 줘, 저 인형 줘, 사과 줘" 하고 말하며 무언가 끊임없이 요구해 왔다. 어느 순간 노에미와 나는 동시에 눈길이 마주쳤고, 레아가 무엇인가를 그냥 필요로 하고 있다는 것을 깨달았다. 노에미는 "애가 뭔가 허전한 거예요" 하고 말했다. 레아는 뭔가 허전하다는 에너지를 느꼈지만 무엇인지는 몰랐다. 그렇다고 "필요와 욕구의 에너지를 느끼긴 하지만 지금 내게 무엇이 필요한지는 모르겠다"고 말할 능력도 없었다.

이따금 빈곤감은 레아의 경우처럼 무언가가 부족하기 때문에 생겨나기도 하고, 또 어떤 때에는 까닭 없이 생겨나는 것 같아 보이기도 한다.

그러나 까닭이 없는 것이 아니다. 대개는 뭔가 즐거운 것과 접촉했을 때 생겨난다. 빵집 앞을 지나갈 때 어떤 특정 냄새를 맡아 본 적이 있는가? 그 냄새를 맡기 전에는 배가 고프지 않았지만 갑자기 엄청난 허기를 느낄 때가 있다. 마음이 변덕스러워 그런 것이 아니다. 마음이란 것이 그렇게 돌아가게끔 되어 있기 때문이다. 즐거운 경험과 마주치면 욕구가 솟는다. 그 욕구에 따라 행동한다고 해서 반드시 나쁘지는 않다. 욕구가 건전할 때도 있다. 특히 감각적 욕구일 경우 그렇다. 배가 고플 때마다 "이건 그냥 욕구가 솟는 것일 뿐이야" 하고 아무런 행동도 취하지 않는다면 그건 말이 되지 않는다. 성적 느낌이 있을 때 의식적으로 잘 처리하지 않고 그냥 무시해 버리는 것도 별로 좋지 않다. 감각적 욕구는 주기적으로 마음을 가득 매우고 관심을 사로잡는 에너지이다. 관능적 욕구에 대한 건전한 선택은 관계 속에 사는 우리 삶의 한 부분이다.

어떤 욕구는 음식이나 섹스에 대한 생물학적 욕구처럼 직선적이지 않고 복잡하다. 즐거운 경험에 대한 욕구가 그렇다. 나는 『스미스소니언』이라는 잡지를 즐겨 읽는다. 매달 집으로 배달되는데, 뒷표지에는 항상 아득한 오지로 가는 여행에 대한 광고가 실려 있다. 어떨 때는 북극행 17일간의 항해를 진지하게 생각해 보고 있는 나 자신을 문득 발견하기도 한다. 그 광고를 보기 5분 전만 해도 나는 아무 여행도 생각하고 있지 않았다. 더욱이 그 시점까지의 내 인생을 통틀어 나는 북극을 보고 싶어한 적이 한 번도 없었다. 그런데도 갑자기 너무나 잘 만든 광고를 보자 나는 여행 경비 항목을 진지하게 읽으면서 여행 일정에 맞게 내 일정을 조정할 수 있을지를 생각한 것이다.

우편함에 들어오는 상품 목록과 홍보용 소책자 또한 욕망 에너지를 자극할 수 있다. 날마다 우리 집에는 별 관심도 없는 물건들에 대한 상품 목록이 배달된다. 표지가 너무나도 유혹적이라 대개는 한 번쯤 뒤적여 보고 싶은 생각이 든다. 들여다보자마자 아주 독특한 것이 눈에 띄어 그게 내게 필요한지 어떤지를 생각하게 되기 일쑤다. 또는 내게는 필요 없지만 아무개에게는 더없이 좋은 선물이 되겠다는 생각도 든다. 그 사람의 생일도 아니지만 나는 그의 생일이 언제인지를 생각하거나, 아니면 가지고 있다가 명절 선물로 줄 수도 있겠다고 결론 짓는다. 이와 같은 모든 것은 자연스럽게 일어난다. 즐거운 경험과 접촉하면 우리는 일종의 끌어당기는 힘과 무언가를 원하는 에너지를 느낀다. 그에 따라 즐거운 감각적 경험을 찾아가는 것이 마음이 움직이는 방식이기 때문이다.

마음은 무언가 즐길 만한 거리가 없을 때에도 즐거운 경험의 이미지를 되새겨 그것을 원하게 만드는 능력을 지니고 있다. 나는 선원 한가운데에서도 이것저것 마음속으로 원하는 걸 얼마나 많이 생각해 낼 수 있는지 깨닫고 무척 놀랐다. 나는 선원에서 참선수행을 하면서 많은 시간을 보냈다. 선원은 음식도 소박하고 환경 자체가 그리 많은 활동의 여지가 없는 곳이다. 그럼에도 불구하고 나는 언제인지도 모를 다음 수련회 때 가지고 오고 싶은 좀더 편안한 옷가지를 마음속으로 차곡차곡 챙기는 것이다. 좀더 따뜻한 숄을 뜨는 광경을 상상하고, 지금 쓰고 있는 것보다 더 편안한 방석과 쿠션을 사는 장면을 상상한다. 욕구의 대상이 될 만한 것들이 그리 많지 않지만 그래도 마음은 그것을 재료로 움직이는 것이다. 만일 아침 식사에 여러 종류의 시리얼이 나오거나 여러 종류의 차가 나온다면 상황이 많이 나아지지 않을까 하는 상상도 해 본다. 수행의 만족도에 따라 점심을 먹자마자 다음 식사에는 무엇이 나올까 생각하고 있는 나 자신을 발견하게 되기도 한다. 내 마음이 다른 사람의 마음보다 나쁘게 움직인다고는 생각하지 않는다. 즐거운 경험을 찾아내고 안주하는 것은 마음의 본성일 뿐이며 우리가 처한 조건인 것이다.

어떤 때에 우리는 마음속의 욕구 에너지 때문에 뚱딴지 같이 사랑에 빠지기도 한다. 몸과 마음에 욕망 에너지가 가득하면 사람들이 더 매력적으로 보인다. 이럴 때 사람들에 대해 낭만적이고 성적인 상상을 시작하는데, 그들의 사람됨이 아니라 우리의 느낌이 바탕이 된다. 이는 매우 다스리기 까다로운 현상이다. 침묵을 맹세했기 때문에 서로 어울리는지 확인할 길이 없는 참선 수련회에서도 종종 이런 일이 일어난다. 사람들은 심신의 자극을 받게 되면 선방으로 걸어 들어오는 모습이라든가 음식을 먹는 모습에 반해 아주 극적으로 전혀 모르는 사람과 갑자기 사랑에 빠진 느낌이 드는 것이다. 나 역시 내가 기분 좋은 욕망 에너지로 가득 차 있다고 느낄 때 시야에 들어오는 전혀 어울리지 않는 사람과 사랑에 빠지는 일이 있다. 온갖 사람들과 사랑의 도피를 하는 상상도 해 보았다. 나는 결혼한 사람으로 누구와도 바람 피울 생각이 없기 때문에 이런 모든 것은 우스꽝스럽다. 내가 사랑에 빠진 대상은 대개 내가 조금은 아는 사람들이고, 또 내가 의식하고 있었던 사람들 역시 따로 짝이 있는 사람들이었다. 모든 면에서 부질없기 그지없는 상상이었다. 그럼에도 마음은 갑자기 뛰쳐나와 '이게 세기의 사랑이다,' '내가 필요로 하는 영혼의 반려자다' 하고 판단하는 것이다. 단순한 심신의 에너지를 가지고 마음이 얼마나 많은 이야기를 만들어 낼 수 있는지 놀라울 따름이다.

욕망 에너지가 일어나면 우리는 주위를 둘러보며 이렇게 말한다. "그래, 이게 바로 내가 원하던 거야." 이런 것들이 실제로 문제가 되는 건 아니다. 오히려 재미있는 경험이 될 수도 있다. 다만 상황 인식을 전혀 하지 못한 채 그것을 진지하게 받아들일 때 문제가 되는 것이다.

그렇다고 사랑에 빠져서는 안 된다는 말은 아니다. 사랑에 빠지는 것은 아름답다. 사랑에 빠졌을 때, 상대방이 우리 자신의 욕망 때문에 생겨난 상상의 작품이 아니라는 사실을 확인할 수 있을 때까지 기다리는 것이 좋겠다는 뜻이다.

동유럽에는 닭의 염통을 통째로 삼키면 처음으로 만나는 사람과 사랑에 빠져 평생을 함께 보내게 된다는 전설이 있는데, 불교의 가르침에서 욕망을 설명할 때에도 이런 식의 개념이었던 것 같다. 또한 사람들에게 흔히 일어날 수 있는 상황이기도 하다. 예를 들어 닭의 염통을 삼킨 것처럼 흥분하고 성적인 분위기에 젖었다면, 그 순간 눈에 띄는 사람이 유난히 좋아 보일 것이다. 참선수행자가 된다는 것은 자신의 반응이 건전하고 신뢰할 만한지 되짚어볼 공간을 마음속에 키우는 것이다.

욕망이라는 번뇌에 대한 대책은 자제이다. 오늘날 자제는 거의 구시대의 유물 같이 들린다. 자제라는 말을 쓸 때 나는 약간 자의식이 든다. 특정 낱말을 입 밖에 내는 것만으로도 비도덕적이라 생각하는 고지식한 할머니 같은 말투라는 생각 때문이다. 그렇지만 자제는 훌륭한 말이다. 자제란 두 가지가 보일 때까지 기다린다는 뜻이다.

보고자 하는 첫 번째는 욕망의 대상이 건전한지, 또 그 욕망에 따라 행동하는 것이 도덕적이고 책임감 있으며 적절한지 하는 것이다. 보고자 하는 두 번째는 욕망 자체가 마음의 에너지에 지나지 않는다는 사실이다. 우리의 느낌에 빛깔을 입히고 우리 행동의 동기가 되는 에너지이지만, 그것이 에너지에 지나지 않는다는 것을 알고 나면 그 행동을 반드시 해야 하는 것은 아니라는 사실을 깨닫는다. 요구 사항이 아니다. 제안 사항이다. 그 욕망이 건전하고 시기가 적절하다면 행동으로 옮길 수 있다. 그 욕망이 건전하지 않고 시기가 적절하지 않다면 자제하면 되고, 그러면 그 에너지는 그냥 지나갈 것이다.

욕망에 대한 대책 | 이브가 들려 준 잘만의 이야기를 실비아가 불교식으로 바꾼 이야기

욕망이라는 다루기 어려운 마음 에너지를 집중적인 수행으로 극복할 수 있음을 보여 주는 우화를 하나 소개한다. 이야기가 늘 그렇듯 이 우화도 이야기를 전하는 사람의 입을 한 번씩 거칠 때마다 조금씩 바뀌었다. 어떻게 생겨난 이야기인지는 모르지만 나는 친구 이브에게서 들었고, 이브는 랍비인 잘만 섁터 살로미에게서 들었다고 한다. 유대교에서 나온 불교 이야기쯤으로 생각하면 될 것 같다.

옛날 우리 모두가 지혜로워지기 이전, 가슴이 차가운 아름다운 공주들과 시야가 좁은 남자들이 살고 있는 나라가 있었다. 이 나라에 젊은 청년이 한 명 있었는데, 어느 날 그는 멀리서 온 공주에게 반해 버리고 말았다. 그녀에 대한 욕망이 청년의 가슴속에 가득 차 올랐다. 그는 그녀와 만나 결혼하리라는 확고한 신념을 품었고, 공주가 자신의 아이들을 낳고 기르는 상상을 했다.

하루는 공주와 시종들이 행차에 나섰는데, 그나마 좁은 시야가 욕망 때문에 더욱 흐려진 청년이 군중 사이로 뛰쳐나와 그녀 발 앞에 엎드려 소리쳤다. "우리는 언제 만날 수 있겠습니까?" 공주는 경멸이 가득한 목소리로 대답했다. "묘지에서!" 그 말은 "이생에서는 어림도 없어, 이 멍청아!" 하는 뜻이었다. 청년은 그 말을 곧이 듣고 곧장 묘지로 가서 기다렸다.

그는 시간도 잊고, 오로지 한 가지 목적만 굳게 마음에 품은 채 기다리고, 기다리고, 또 기다렸다.

그리고, 기다리는 동안…

그는 마음이 너무나도 한결같이 집중된 나머지, 모든 미움과 분별심이 사라지고 기쁨과 빛으로 가득했다. 결국 그는 모든 사람을, 모든 존재를 남김 없이 사랑하게 되었다. 그러자 사람들은 그의 사랑을 알고 찾아와 축복을 청했다.

그리고, 기다리는 동안…

그는 죽음을 만났다. 실로 죽음은 그에게 가장 자주 찾아오는 손님이었다. 젊은이와 늙은이, 부자와 가난한 자, 예쁜 사람과 그렇지 않은 사람, 사랑 받는 사람과 그렇지 않은 사람 등 온갖 부류의 사람들이 죽음을 들고 시도 때도 없이 찾아왔다. 청년은 삶의 덧없음을, 시간의 냉혹한 행진을 더없이 분명하게 깨달았다. 그는 허공의 허깨비를 끝없이 움켜쥐는 존재의 고통을 깨달았다. 그래서 그는 지혜로워졌다. 그러자 사람들은 그의 지혜를 알고 찾아와 축복을 청했다.

그가 사랑한 공주는 이미 다른 사람과 결혼했지만 이상하게도 아이가 없었다. 공주는 축복으로 유명한 현자가 있다는 소문을 듣고 찾아가 아이를 점지해 줄 것을 청했다. 해탈의 가없는 행복에 잠긴 그는 소원을 들어 주는 모든 세계의 존재들에게 도움을 청했고, 공주는 많은 아이들의 어머니가 되었다.

혐오

욕망의 반대는 혐오로서, 부정적이고 노여운 에너지이다. 혐오는 즐거운 것이 못된다. 붓다는 노여움을 마음을 흐리게 하는 독이라 했다. 주위를 둘러보며 욕구를 충족시킬 거리를 찾게 만드는 욕망과는 달리, 혐오하는 마음은 무엇인가를 없애 버리고자 한다.

어떤 사람들은 노여움이 대단히 자극적인 에너지라서 즐겁게 느껴진다고 한다. 나른하고 무기력해진 사람의 마음을 깨어나게 만든다는 것이다. 실제로 노여움을 느끼면 아주 강해지는 느낌이 들기도 한다. 의분을 느낄 때는 특히 그렇다. 그렇지만 궁극적으로 노여움은 마음의 커다란 소용돌이에 지나지 않으며, 우리를 지치고 혼란스럽게 만든다.

"이 노여움을 어떻게 하면 좋겠습니까?" 내가 가장 자주 듣는 질문 가운데 하나다. 내가 노여움을 드러낼 필요가 없다는 언질을 줄 것 같은 눈치가 들면, 사람들은 말도 꺼내기 전에 예민하게 반응하면서 방어적이 되기도 한다. 마치 사람들은 다투고 싸우지 않으면 솔직한 의사소통이 불가능하게 될까봐 겁을 먹고 있는 것 같다. 나는 사람들에게 다음과 같이 가르친다. 말하고자 하는 내용을 노여움 없이 전달하면 말하지 못할 내용도, 대상도 없다. 또한 말하려는 내용이 전달되는 동시에 상대방은 그 것을 알아들을 것이다. 말하려는 내용에는 내가 화나 있다는 사실을 포함시킬 수 있지만, 그 노여움을 실어 보낼 필요는 없다.

수도승들의 규율을 모아 놓은 비나야(율장律臟)라는 책에서 붓다는 노여움을 표현하는 지침을 다음과 같이 제시했다.

남을 훈계하기 전에 다음을 되새겨라 …

때가 차면 말하되, 때 없이 말하지 않으리라.
진실로 말하되, 거짓으로 말하지 않으리라.
그를 위하여 말하되, 그의 손해를 위해 말하지 않으리라.
부드럽게 말하되, 거칠게 말하지 않으리라.
친절에서 말하되, 노여움에서 말하지 않으리라.

나는 오래 전부터 이 지침을 작은 카드에 적어 사무실에 두고 있는데, 남녀가 애정 문제로 나를 찾아오면 종종 이 카드를 보여 주고는 한다.

나는 특히 "때가 차면"이라는 부분을 좋아한다. 노여운 느낌을 바로 표현할 필요는 없다는 점과, 좀더 적당한 시기를 고르면 상대방이 보다 잘 받아들일 수 있다는 점을 상기시킨다. "진실로" 말한다는 것은 우리가 흔히 하듯이 피상적인 이야기를 내놓는 것이 아니라, 우리가 정말로 화난 까닭이 무엇인지를 시간을 두고 되짚어 보라는 뜻이다.

"당신은 한 번도 치약 뚜껑을 제대로 덮어 놓지 않아요"라는 말은 필시 사실이 아닐 것이다. 한 번도 덮어 놓지 않는다는 말보다는 덮어 놓지 않는 경우가 더 많다는 말이 옳을 것이고, 화가 난 원인이 치약 뚜껑 때문이라고 생각하는 것 또한 사실이 아닐 것이다. 어쩌면 "당신이 치약 뚜껑을 제대로 덮어 놓지 않으면 당신이 내 기분에는 관심이 없다는 느낌이 들고, 그러면 불안해요"라는 말이 사실에 더 가까울 것이다.

"부드럽게", "친절에서", "그를 위하여"는 상대방에게 실망을 전달하기 전에 시간을 갖고 자신의 의도를 살펴보라는 뜻이다. 다시 말해 자신의 의도가 결코 상처에 대한 보복으로 상처를 입히려는 것이 아니며 관계를 치유하기 위함이거나 자비심으로 설명하려는 것임을 확고히 하라는 뜻이다.

이따금 사람들은 그 카드를 집에다 베껴 놓고 눈에 잘 띄는 곳에 두고 싶어한다. 그럴 때마다 나는 이런 디자인으로 벽지를 만드는 회사가 있었으면 하는 생각을 해 봤다. 그렇게되면 우리는 노여움의 표현에 대한 붓다의 가르침을 방마다 붙여 두고 쉽게 볼 수 있지 않을까 하는 생각에서이다.

몇 년 전에 어느 회의에 참석했을 때 누군가 달라이 라마에게 물었다. "화가 나는 때가 있습니까?" 그는 대답했다. "물론이지요. 무슨 일이 일어났는데 그게 내 마음에 들지 않을 때, 내가 바라는 일이 아닐 때 노여움이 일지요." 어조로 보아 그는 노여움이 일기는 해도 별로 대수롭지 않게 여김이 분명했다. 노여움이 솟을 때 적절한 행동으로 상황을 다스리면 노여움은 곧 사라진다는 것이다. 세상에서 가장 마음이 건강한 사람 달라이 라마가 노여운 감정을 서투른 방식으로 표현한다는 것을 나로서는 상상할 수 없다.

노여운 감정이 갑자기 떠오를 때 그것을 알아차릴 수 있다는 것은 마치 마음속에 온도계를 갖고 있는 것과도 같다. 온도가 솟구치는 것이 보이면 두렵거나 슬픈 일이 지금 벌어지고 있음을 알 수 있다. 온도계를 살피는 일에 익숙해지면 노여운 반응을 겉으로 드러내기보다는 잠시 틈을 내

화가 나는 진짜 이유, 즉 두려움과 슬픔이 어디에서 왔는지를 살펴볼 수 있다. 그 근원이 보이면 더 이상 노여움이라는 혐오스런 에너지에 휩쓸리지 않고 잘 다스릴 수 있는 가능성이 그만큼 커지는 것이다.

노여움을 드러내 표현하는 일이 아예 일상화된 가정에서 자라난 사람이라면 더욱 주의할 필요가 있다. 이들에게 노여움은 종종 큰 문제가 된다. 이들은 노여움을 실천할 기회가 너무 많은 나머지 다른 가능성도 있다는 사실은 아예 생각하지도 못한다. 이들에게 있어 노여운 마음은 불쾌한 상황과 마주칠 때 습관적으로 나타나는 반응이다. 자신을 자기 안에 있는 "분노 촉발장치"의 피해자라 생각하는 사람들도 있다. 더욱이 사람들은 "성미가 급하다"는 것 때문에 스스로를 비하하기도 한다. 그들은 이렇게 말한다. "제게는 분노가 가득해요." 나는 그런 말을 들을 때마다 슬픔을 느낀다. 자주 나타나는 특정 마음의 에너지를 자신의 변하지 않는 본질로 간주해 버렸기 때문이다. 하지만 노여움 역시 다른 모든 마음의 에너지와 마찬가지로 일시적인 현상이며 따라서 다스릴 수 있다는 사실을 알게 되면 마음이 훨씬 편해질 것이다. 자신에 대한 생각이 좋은 쪽으로 바뀌며, 이렇게 생각할 수 있게 될 것이다. "이건 내가 아니야. 그냥 반사신경이 움직이고 있을 뿐이야. 잠시 동안 절룩거리겠지만 그런 다음에는 다시 똑바로 설 수 있어!"

번뇌를 에너지로 보고 나면 이제 그것에 대처할 수 있는 방법 또한 찾을 수 있을 것이다. 번뇌를 알아보고, 이해하며, 그에 따라 신중한 결정을 내리고, 지혜롭게 행동할 수 있는 것이다. 그렇게 되면 더 이상 번뇌의 공격을 받고 있다는 생각은 들지 않는다. 한 가지 마음 에너지에 온통 사로잡혀 있을 때, 나는 어디선가 거대한 손이 나타나 내 마음을 거머쥐고 사정없이 흔들어대는 느낌을 받았다. 하지만 이제는 그렇지 않다. 설혹 나로서는 어쩔 수 없는 어려운 마음 상태를 겪을 때라도, 그 원천이 내 마음속에 있으며 밖에서는 아무 일도 벌어지지 않는다는 것을 안다. 완전히 외적 원인으로 생긴 사건 때문에 두려움이나 슬픔이 촉발되어 노여움으로 나타날 때에도, 본질적으로 그런 반응이 생기는 것은 마음이라는 필터를 통과하기 때문이다.

어떤 때에는 뚜렷한 외적 사건이 없는데도 마음이 슬퍼지거나 겁먹거나 노여울 때가 있다. 마치 노여움이 저 혼자 생겨난 것 같이 보인다. 어떤 날에는 자리에서 일어났는데 마음 상태가 마치 잠을 설친 것처럼 찌뿌드드할 때도 있다. 기분 나쁜 상태에서 곧 싸움이라도 벌일 것 같은 공격적인 자세가 되는 것이다. 물론 모든 것에는 원인이 있으므로 여기에도 뭔가 까닭이 있겠지만, 꼭 외적 사건만 원인이 되는 것은 아니다. 어쩌면 악몽을 꾸었을 것이다. 잠이 충분치 않았을 수도 있고, 신체의 호르몬 상태가 바뀌었을지도 모른다. 심지어 달 때문일 수도 있다. 신체 작용 때문에 마음속에 민감한 에너지가 나타나기도 한다.

까닭 모를 언짢은 기분은 도무지 이해할 수 없기 때문에, 그럴 때 우리는 주위를 둘러보며 화낼 거리를 찾는 것 같다. 뭔가 싫어지는 외적 상황을 찾아 그 에너지를 방출하려는 것이다. 서로 전혀 모르는 사람들끼리 모인 참선 수련회에서조차도, 일시적인 언짢은 기분을 해소하기 위해 낯선 사람에게 은밀히 앙갚음하는 일이 벌어지기도 한다. 크게 소리 내 걷는다거나 선방에서 기침을 했다는 이유 때문에, 그 사람을 어느 틈에 자신의 내적 노여움을 쏟아 내는 대상으로 삼는 것이다. 그는 내가 전혀 좋아하지 않는 사람이 되고, 그 순간부터 그의 모든 몸짓은 그에 대한 나의 부정적인 기분을 정당화하는 장황한 근거를 제공한다.

부정적인 느낌은 일시적이므로 무시하는 게 좋다고 생각한다면 그건 오산이다. 설혹 그런 느낌이 내적 화학 변화나 변덕스러운 기분 때문이라 해도, 그럴수록 우리는 주의를 기울일 필요가 있다. 그렇게 하지 않으면 주변 사건에 대한 판단을 내릴 때 이미 내재되어 있던 기분이 영향을 미쳤다는 점을 간과한 채, 지혜롭지 못한 행동을 하게 된다. 우리는 어떤 기분이 들든 그것이 우리가 겪는 사건을 받아들이는 필터로 작용한다는 사실을 기억할 필요가 있다.

한편, 만일 외적 사건에 대한 반응으로 노여운 마음이 솟는다면, 그 사건의 슬프거나 두려운 측면을 살펴보는 것도 도움이 된다. 그런 다음 그 슬픔이나 두려움을 다스릴 수 있는 행동을 취하는 것이다. 부정적 느낌이나 혐오가 일시적인 에너지라는 사실을 안다고 해서 그런 에너지를 무시하라는 뜻은 절대로 아니다. 항상 명료하게 인식하고 지혜롭게 다스리라는 뜻이다.

"그건 내 벤치란 말이야!"

아주 오래 전, 몇 주에 걸친 집중적인 참선 수련회에 참가했을 때의 일이다. 당시 나는 쿠션을 깔고 있었지만 쿠션이 불편해지면 앉을 수 있도록 벤치도 곁에 놓아 두고 좌선에 들어갔다. 나는 몸이 아프게 될까 무척 조바심을 냈으므로 도움이 될 만한 것은 최대한 갖추어야 한다고 생각했다. 또 필요할 때에는 기댈 수 있도록 선방의 제일 뒤쪽에 벽을 등지고 앉았다.

어느 날 오후 나는 뒷벽이 가까운 내 자리에서 아주 편안하게 앉아 있었다. 벤치는 곁에 두고 쿠션을 깔고 있었는데, 문득 곁에서 부스럭거리는 소리가 들렸다. 눈을 가늘게 뜨고 보았더니 어떤 사람 손이 내려와 내 벤치를 집어 들고 걸어가는 것이었다. 그 사람은 저만치 벤치를 놓고 그 위에 앉았다. 참선 수련회에서 이제껏 보지 못한 새로운 참가자였다.

마음속에서 분노가 화산처럼 터져 올랐다. 매우 "정당한" 분노였다. 내 벤치를 가져갔으니까! 그 순간 내게는 쿠션이 있어서 매우 편안하다는 사실은 전혀 문제되지 않았다. 수련회 진행자 측에 쿠션과 벤치 여분이 더 있다는 사실 또한 문제되지 않았다. 그 사람이 내 벤치에 앉았다는 사실만이 중요했다. 나는 내 벤치를 가져간 사람 앞으로 머릿속으로 비난의 글을 쓰느라 몇 시간을 흥분된 상태에서 보냈다. 실제로 쪽지는 쓰지 않았지만 마음속에서는 내가 보낼 만한 쪽지를 끊임없이 써 내려갔다. 처음에는 냉랭하면서도 정중한 내용을 생각하다가 점차 비꼬는 내용이 되었고, 나중에는 대놓고 내놓으라는 내용으로 변해 갔다. 그 사람은 날마다 내 벤치에 앉았다. 거기에 대해 별다른 생각이 없는 것이 분명했다. 선방으로 들어갈 때마다 나의 노여움은 한 단계씩 높아졌다.

며칠이 지나도록 그 사람이 내 벤치를 돌려주지 않자 나는 그가 나중에 내 벤치를 집으로 가져가지는 않을까 하는 생각마저 들어 더욱 화가 났다. 나는 그 사람의 모든 면을 싫어하기 시작했다. 걸음새도 앉음새도 싫었고, 음식을 먹는 모양도 싫었다. 어느 날 점심 식사 후, '저 사람은 자기 그릇을 씻는 모양새도 마음에 안 들어' 하며 씩씩거리다 보니 어느덧 오후 좌선 시간이 되었다. 서둘러 선방으로 돌아가 보니 내 벤치가 원래 자리에 놓여 있었다. 벤치를 쓰던 사람은 보이지 않았다. 수련회에 늦게 참가했다가 일찍 돌아간 모양이었다. 나는 갑자기 마음이 맑아졌다. 마치 닷새 동안 폭풍우가 휘몰아치다가 갑자기 폭풍이 사라진 것만 같았다.

실제로 내 마음은 닷새 동안 폭풍우로 채워져 있었다. 나는 필요하지도 않은 벤치의 행방을 놓고 닷새 동안을 폭풍우 속에서 보냈다는 사실을 깨달았다. 그 며칠동안 겪은 모든 것이 어이없게 느껴졌다. 나는 믿을 수 없을 정도로 많은 에너지를 소모했다는 사실이 놀라웠다. 문득 이런 생각이 들었다. "내가 평생을 이런 식으로 살아가고 있나?"

나태와 무기력감

전 세계를 다니며 집중 참선 수련회에서 불교 수행을 가르치는 친구가 있다. 그녀는 친구들에게 자신의 가장 어려운 장애는 나태와 무기력감이라고 말한다. 전화가 와 상대방이 "파리의(아니면 다른 이국적인 곳의) 참선 수련회에 와서 강좌 하나를 좀 맡아 주세요" 하면, 마음속에서는 "아니, 너무 멀잖아! 오가는 데 시간도 많이 걸릴 거구!" 하는 목소리가 들리는데, 입으로는 대개 "알겠습니다!" 하는 대답을 한다는 것이다. 그녀는 마음속에 어떤 필터가 있어서 그 때문에 마음속의 맨 첫 반응이 귀찮다는 느낌으로 나타난다는 사실을 알고 있다. 다른 사람이 볼 때 아무리 환상적인 일이라도, 그녀 마음속의 필터를 통하면 왠지 하기 싫은 일처럼 느껴지는 것이다. 그녀는 자신이 가르치기를 좋아하며 재능 또한 있다는 사실을 알고 있다. 게다가 훈련을 통해 좀더 신중하게 그런 반응을 다스리는 것이 가장 현명한 방법이라는 사실도 알고 있다.

'나태와 무기력감'이라는 말에서는 좋지 않은 느낌이 배어 나온다. 부도덕한 인상을 풍기는 말이다. 서구적인 기준으로 볼 때 이들 두 가지는 낱말의 느낌상 우리의 선택권 안에 있다는 기분이 든다. 예를 들면 우리는 참말이나 거짓말을 선택하여 할 수 있는데 이는 마음속에 내재된 특성이 아니기 때문이다. 게으르거나 부지런한 것은 마음속에 내재된 특성이라기보다는 선택 사항이다. 다섯 가지 번뇌 에너지에서 말하는 나태와 무기력감이란 마음의 에너지가 낮은 상태를 가리킨다. 마음 에너지는 언제나 오르내리며 바뀌기 때문에, 에너지가 낮은 상태는 누구나 겪게 되는 현상이다. 어떤 사람들은 이러저러한 이유로 에너지가 낮은 마음 상태를 자주 경험한다. 그렇다고 이들이 게으른 사람들이라는 뜻은 아니다. 다만, 이들은 내 친구처럼 마음 상태를 일시적인 필터로 의식하고 경계해야 한다고 생각한다. 무의식중에 자신의 선택에 영향을 끼치지 않도록 하기 위함이다.

간혹 마음 상태가 무기력한 사람들이 훌륭한 참선수행자 같이 보일 때가 있다. 이들은 몇 시간이고 쿠션에 앉은 채 굉장히 집중해 있는 것처럼 보인다. 그러나 사실은 잠들었거나 적어도 반쯤 최면 상태에 빠져 있는 것이다. 오랫동안 앉아 있는 능력이 있다 하여 정신 수준이 높은 것은 아니다. 태국의 어느 유명한 참선 지도자의 이야기를 우리는 자주 듣는다. 한 학생이 하루에 어느 정도 앉아 좌선해야 하는지를 묻자 그는 이렇게 대답했다. "앉아 있는 시간은 중요하지 않다. 나는 닭들이 한번에 며칠씩이나 둥지에 앉아 있는 것도 보았지만 그렇다고 깨달음을 얻는 것은 아니다."

앉아 있기는 참선이 아니다. 앉아 있기는 앉아 있기에 지나지 않는다. 마음을 가다듬고 자리에 앉아, 의식이 깨어 있는 상태에서 주의를 기울이며 깨달음이 떠오르는 것을 민감하게 탐색하는 것, 바로 이것이 참선이다.

나태하거나 무기력한 마음 상태를 자주 경험하는 사람들이라도 참선을 그만둘 필요는 없다. 자신의 마음 상태가 일시적으로 지나가는 경험에 지나지 않는다는 점을 인식하면, 그런 상태가 지나가기를 기다리면서 여러 가지 일을 할 수 있다. 눈을 뜰 수도 있고 숨을 깊이 들이쉴 수도 있다. 똑바로 앉아 있어도 되고 좌선 대신 걸으면서 참선을 할 수도 있다. 걷다가 잠에 빠져 드는 사람은 없으니까. 가장 중요한 것은 그런 마음 상태가 자신이나 자신의 성격 때문인 것으로 받아들여서는 안 된다는 사실이다. 그런 사람들은 게으른 사람들이 아니라 마음의 에너지가 낮은 상태를 자주 겪는 사람들이다.

　　　마음을 일종의 방향유지장치로 생각하면 된다. 주위 상태에 따라 끊임없이 움직이고 흔들리지만, 근본적으로는 안정과 평형 상태를 향해 나아가는 것이다. 마음에 에너지가 더 높은 시기와 낮은 시기가 있음은 당연하다. 마음이 점차 더 평정한 상태를 향해 나아가는 동안 생겨나는 에너지의 자연스런 변화이다.

산란

혐오가 싸움을 바라는 마음이고 나태가 졸리는 마음이라면, 산란 散亂은 재난이 어디서 닥칠까 하여 지평선을 훑어보는 마음이다. 에너지가 넘치기 때문에 나태와는 정반대이다. 나태는 낮은 마음 에너지이고, 산란은 높은 마음 에너지이다.

이따금 산란한 마음은 안절부절못한 몸가짐으로 나타나지만, 이는 다른 사람들을 방해하지 않고 가만히 앉아 있어야 하는 참선에서만 문제가 된다. 더 문제가 되는 것은 안절부절못한 마음, 차분히 있지 못하는 마음이다. 마치 마음이 기운이 남아돌아 주위를 둘러보며 걱정거리를 찾고 있는 것과 같다. 산란이라는 마음의 장애를 지닌 사람들은 습관적으로 조바심을 내면서, 한편으로는 그런 사실을 창피하게 여기는 경우가 많다. "어쩔 수 없는 일을 두고 걱정하다니 너무 바보 같지 않은가!" 산란은 바꾸기가 특히 어려운 마음의 습관이다.

나는 다른 장애보다도 산란에 대해 조금은 더 많이 아는 편이다. 내게 있어 산란은 가장 큰 번뇌이기 때문이다. 내 마음은 본질적으로 중립적인 자료를 받아들여 그것으로 걱정을 엮어 내는 능력과 경향이 있다.

시나리오 나는 낯선 나라 어느 길모퉁이에 서 있다. 다섯 시에 남편과 만나기로 했는데 지금은 정각 2분 전이다. 이런 생각이 든다. "만일 앞으로 2분 안에 도착하지 않으면 어떻게 하지? 그렇다면 강도를 당하거나 살해를 당한 게 분명해! 아니면 어디서 인질로 잡혀 있거나. 심장발작이 생긴 걸 수도 있어! 미국 대사관은 어디 있을까? 그이가 오지 않으면 대사관에 가야지…" 이런 생각은 3초 동안에 일어나고, 그 사이에 내 몸에는 아드레날린이 넘쳐나고 가슴이 뛰면서 땀이 나기 시작한다. 아드레날린 때문에 걱정이 더 심해지면서 다른 걱정도 생겨난다. "이 나라에서 내가 아는 사람이 누가 있지? 아이들에게는 어떻게 전화를 거나?" 다섯 시에 남편이 도착한다. 나는 마음이 놓인다. 그러나 이미 지친 상태이다.

   습관적으로 조바심을 내는 사람에게는 이런 식의 시나리오가 흔하다. 상황에 따라 그저 장소와 사람만 바뀔 뿐이다. 이야기를 엮어 나갈 재료를 찾아 주위를 기웃거리는 산란한 마음은 같다.

   수행 덕분에 나는 걱정에서 벗어나고 있다. 마음은 여전히 무서운 이야기를 지어내지만, 예전에 비해 그런 이야기를 훨씬 덜 믿는 편이다. 이따금 이야기를 만들어 내는 기계가 내 안에서 새로운 이야기를 지어내는 현장을 잡기도 하지만 이제는 웃고 넘길 수 있게 되었다. 걱정을 만드는 기계를 마음에서 완전히 떼어 낼 수 있다면 나는 분명히 떼어 낼 것이다. 조금도 달갑지 않기 때문이다. 그러나 어떤 인연에서인지 나는 그것을 달고 태어났으며 떼어 버릴 수 없다. 나는 그것을, 그리고 나 자신을 자비와 사랑으로 바라보게 되었다. 나는 그것을 옆집에 살며 한밤중에 음악을 크게 트는 불쾌한 이웃처럼 대한다. 이러 때 내가 집 안에 머물러야 한다면 선택할 수 있는 방법에는 두 가지가 있다. 그 하나는 느긋한 마음으로 이렇게 말하는 것이다. "정말 불쾌한 이웃이야. 언젠가는 이사를 가겠지. 그동안에는 귀마개를 사던가, 아니면 워크맨을 사서 내가 좋아하는 음악을

든던가 해야지, 뭐." 다른 하나는 열을 내며 관리인에게 전화를 걸고, 입주자회의 앞으로 편지를 쓰면서 펄펄 뛰는 것이다. 무엇이 진행중인가를 인식할 때 우리는 선택이 가능하다.

과이마스 해변의 여인

내게 큰 영향을 준 스승 가운데 한 사람은 이름도 모르는 한 여인이다. 나는 지금까지도 많은 사람에게 그녀에 대한 이야기를 한다. 나는 인생이란 위태롭고 위험이 산재한 곳이라는 관점을 지니고 있었으나, 그녀는 그것이 그저 특별한 하나의 견해일 뿐이라는 사실을 극적으로 가르쳐 주었다. 하나의 상황을 두고 그녀와 내가 정반대로 바라본다는 사실을 깨달았을 때, 사람의 관점은 우리 각자의 인식 위에 덧씌워진 안경에 따라 달라진다는 것을 알았다. 덕분에 나는 내 안경이 내 삶의 경험에 색을 입힌다는 점을 유념하게 됐고, 다음과 같이 생각할 수 있는 여유도 갖게 됐다. "다른 사람의 안경으로 보면 이 상황이 상당히 다르게 보일 수도 있지 않을까."

나는 그녀를 20년 전 과이마스 해변에서 만났다. 여름이어서 멕시코의 소노라 사막에 있는 과이마스는 무척 더웠다. 나는 냉방시설이 되어 있는 커다란 현대식 호텔에 묵었다. 근처에는 이동 주택 공원이 있어서 소형 트레일러를 끌고 온 사람들이 여기저기 야영하고 있었다.

그녀 역시 그들 가운데 하나였다. 아직 젊어 보이는 그녀는 어린 아들 둘을 데리고 와 있었다. 큰아이인 존은 내 살이었고 작은아이는 갓 기어다니기 시작한 아기였다. 그녀는 로스앤젤레스에서 사는데, 여름 동안에는 대도시에서 지내기가 싫어 멕시코로 와서 몇 달 동안 야영하며 지내고, 남편은 주말마다 경비행기를 몰고 와 함께 지낸다는 것이었다.

내가 보기에 그녀의 이야기는 모든 면에서 걱정스러웠다.

- 낯선 나라에서 여자 혼자 바닷가에 와 있다는 점
- 물가에서 기어다니는 아기를 돌보는 동시에 물장난을 치는 네 살 난 아이도 보살펴야 한다는 점
- 더운 여름 기후에 깨끗한 식수를 마련하기가 쉽지 않고 우유나 그밖에 상하기 쉬운 음식을 냉장 보관하는 데에도 문제가 많다는 점
- 병원은 얼마나 가까이 있을까? 이런 점을 그녀는 생각이라도 해 보았을까?
- 주말마다 남편이 위험하게 직접 비행기를 몰고 멕시코까지 온다는 점

그녀의 상황은 실로 모든 면에서 최악의 재난이 닥칠 소지가 충분해 보였지만, 정작 본인은 편안하고 느긋하게 지내는 것 같았다. 어느 날 밤 폭우가 쏟아졌다. 천둥이 치고 번개가 밤하늘을 마치 불꽃놀이처럼 가득 메웠다.

나는 집중호우에 이동 주택 공원이 물에 휩쓸리지나 않을까 걱정되어 밤새 내가 머무는 6층에서 창 밖을 내다보았다. 다행히 날이 밝을 무렵 폭우가 그쳤다. 나는 그녀와 아이들을 찾아 허둥지둥 밖으로 나갔다. 공원은 난장판이었다. 트레일러 밖에 내놓은 모든 것들이 물에 휩쓸려 해변에 흩어졌고, 사람들은 백사장에 파묻힌 자기 물건을 찾아다니느라 분주했다. 그녀도 트레일러에 쌓인 모래를 쓸어내고 있었다. 다행히 아이들은 그녀의 곁에서 즐거이 놀고 있었다.

"폭우는 어땠어요?" 내가 물었다. "대단했어요." 그녀가 대답했다. "아이들은 별 문제 없었나요?" 나는 아이들이 흙탕을 튀기며 즐겁게 노는

모습을 바라보았다. "아, 없었어요." 그녀가 대답했다. "작은애는 밤새도록 한 번도 안 깨고 잘 잤고, 존도 잘 자고 있었는데 구경하라고 내가 일부러 깨웠어요."

나는 충격을 받았다. 그리고 이렇게 생각했다. "다른 방식으로도 인생을 살 수 있구나!"

나는 그녀와 내가 같은 자료를 각기 다른 필터를 통해 바라보았다는 사실을 실감했다. 나는 최악의 재난을 이끌어냈고 그녀는 신나는 이야기를 이끌어 낸 것이다. 나는 그녀와 필터를 바꾸고 싶었다.

"그 때 이후 불안해하는 마음 상태가 지닌 필터 작용을 꿰뚫어봄으로써 모든 상황을 명료하게 이해하게 됐다." - 이렇게 말할 수 있다면 정말 좋겠지만, 나에게 그런 일은 일어나지 않았다. 필터를 그냥 바꿔달 수만 있다면 가능할 지도 모른다. 하지만 내가 일생동안 지니고 살아갈 이 마음에는 나만의 독특한 특수 필터가 있어서 그것을 통해 경험을 처리하고 있다.

필터가 마음에 영구히 붙어 있는 장치 같아 보이기는 하지만, 그 점을 간파하면 필터의 위력이 떨어진다. 이를 바꿔 말하면 붓다의 세 번째 진리인 "고통은 끝낼 수 있다"가 된다.

우리는 수행을 통하여 마음의 무의식적 반응 방식을 고쳐 나갈 수 있다. 마음의 습성이 바뀌지 않은 상태라 해도 우리는 습성을 경계하면서 풀어 나갈 수 있는 것이다. 만일 마음이 맑고 안정되어 있다면, 우리는 필터가 그냥 필터에 불과하다는 점을 인식하고 가장 건전한 대응 방법을 고를 수 있다.

과이마스 해변의 여자는 내게 큰 가르침을 주었다. 나는 비록 그 자리에서 내 행동을 조금도 고칠 수 없었지만, 그녀는 또 다른 대응 방법이 있을 수 있다는 사실을 가르쳐 주었다. 다른 방식으로 반응하기 위해 필요한 모든 것을 실천하겠다는 결심이 내 속에서 일어난 것이다.

요즘에는 최악의 상황을 상상하는 마음이 발동하기 시작하면 대체로 나는 그 사실에 대해 웃어 버릴 수 있다. 나로서는 발동하지 않는 쪽이 훨씬 더 좋다. 나는 메허 바바의 커다란 포스터를 사무실 벽에 걸어 두고 있는데, 거기에는 "Don't worry, be happy(걱정말고 행복해 하라)"라는 문구가 쓰어 있다. 어떤 날에는 이 네 낱말이 저 거대한 우주의 지혜를 함축한 말이라는 확신이 든다. 내가 실제로 그렇게 할 수 있는 날이 오기까지, 조바심을 심각하게 생각하지 않을 수 있는 내 자신을 발견하는 것만으로도 나는 만족한다.

덜 겁먹으면 잘 대처할 수 있다

내가 수행하는 까닭을 설명할 때 사람들에게 곧잘 들려 주는 이야기 가운데 하나가 "두려움이 전혀 없는 할머니가 되고 싶기 때문"이라는 말이다. 이것은 정말이다. 인생의 현재 시점에서 내가 두려움이 전혀 없는 상태에 다다를 수 있을지는 확신할 수 없지만, 나는 "덜 겁먹는" 것으로도 정말 기분이 좋다.

내가 처음에 참선을 경험할 때 들은 이야기 가운데 아직도 기억에 남아 있는 것이 있다. 두려움이 조금도 없는 주지승에 관한 내용이다. 이 수도자는 일본에 있는 한 절의 주지승으로, 사무라이 무리가 방방곡곡을 돌아다니며 모든 사람들을 공포에 몰아넣던 혼란한 시대에 살았다. 어느 날 절이 위치한 도시에 유난히 무서운 무사 일족이 들이닥치자 중들은 도시의 모든 주민들과 함께 산으로 피신했다. 오직 주지만이 남아 법당에서 좌선을 하고 있었다. 자신의 무서운 명성에도 주지가 놀라 달아나지 않았다는 사실에 화가 난 무사의 우두머리는 법당으로 뛰어들어가 주지 앞에 서서 칼을 쳐들고 소리쳤다. "내가 눈도 깜짝 하지 않고 이 칼로 너를 베고 지나갈 수 있는 사람이라는 것을 모르는가?" 그러자 주지는 이렇게 대답했다고 한다. "그리고 나는 눈도 깜짝 하지 않고 칼에 베일 수 있는 사람이라는 사실을 모르시오?"

아마 내 스승은 사기를 북돋아 주려고 이 이야기를 들려 준 것 같다. 그러나 나는 더욱 기가 죽고 말았다. 나 자신이 그런 이상과는 너무나도 동떨어져 보일 뿐만 아니라 나로서는 그 경지에 도달할 수 있으리라는 상상이 가지 않았기 때문이었다.

나는 이생에서 가장 깊이 겪은 두려움은 우리 속에 더없이 뿌리깊게 자리잡고 우리 신경계에 너무나도 깊이 배어들기 때문에 끝나는 날까지 우리의 경험 속에 남아 있을 것이라 믿는다. 자아심리학 운동의 대표 주자인 로버트 스톨로로우가 말하기를, 심리치료에서 공포 체계의 인과관계를 아무리 밝혀 내고 분석해 낸다 해도 같은 유형의 사건이 벌어지면 언제나 똑같이 두려워하는 반응을 보일 것이라 했다. 아무리 통찰력이 높아져도 근본적으로 우리는 경험에 길들여진 동물이라는 것이다.

내가 어렸을 때 가장 무서웠던 것 가운데 하나는 어머니께서 돌아가실 거라는 두려움이었다. 어머니는 류머티즘 심장병이 있어서 밤에도 똑바로 누울 수 없었다. 허파에 물이 차오르면, 기침을 토하고 숨을 가쁘게 몰아쉬며 침대 밖으로 나와야 했다. 나는 옆방에 누워 어머니의 기침 소리를 들었다. 어린 시절 한밤의 기침 소리는 무서움 그 자체였다. 한밤의 기침 소리는 내 신경계의 아킬레스건으로 자리잡았다. 나는 한밤의 기침 소리에 "감정이 있는" 것이다.

이제는 모두 어른이 된 내 아이 넷도 어릴 적에는 그 나이 때 흔히 있는 병을 앓곤 했다. 수두, 홍역, 이하선염 등이었다. 넘어지기도 했고, 꿰매기도 했다. 팔다리가 부러져 깁스를 한 적도 있었다. 그 시절만 해도 사람들이 편도선 제거 수술을 받던 시절이었고 내 아이들도 편도선을 제거했다. 그런 모든 상황에도 나는 괜찮았다. 그렇지만 아이들이 밤에 기침만 하면 나도 모르게 겁에 질리곤 했다. 기침은 언제나 내게 힘들었고, 그럴 때마다 나는 이런 말로 스스로를 타일러야 했다. "그냥 감기일 뿐이야." "단순한 몸살이라구." 내가 머리털이 곤두서고 겁에 질리는 현상은 반사작용이었다. 우리에게는 누구나 한밤의 기침 소리 같이 특별히 두려워하는 대상이 있을 것이다.

그렇지만 낙담할 필요는 없다. 나는 이를 그냥 "마음이 이렇게도 움직이는구나" 하는 정도로만 받아들이면 된다고 생각한다. 두려움증은 꼭 큰 문제라 할 수는 없다. 두려움은 우리의 현재 모습이 형성되는 과정에서 (전생에서 조성된 무엇이 이생에 남아 있는지는 알 길이 없지만 가장 직접적으로는 이생에서 형성되는 과정에서) 생겨난 결과라는 사실을 인식하기만 하면 된다. 두려움을 인정하고 나면 그것을 중심으로 풀어나갈 수 있다. 감기로 인한 기침 같이 별 일이 아닌 것에도 신경이 곤두설 때, 나는 스스로에게 이렇게 타이를 수 있다. "이건 내가 예전에 길들여진 결과야." 그렇게 말함으로써 나는 부적절하거나 불필요한 행동을 하지 않게 된다.

근래에 누가 내게 도난경보장치를 보여 준 적이 있다. 전자감지장치가 마주하고 있는 방향에서 움직임을 감지하면 경보가 작동하게 되어 있었다. 인간의 마음속에 있는 경보장치가 작동하는 데에도 방식이 있는 것 같다. 우리의 안테나는 두려움을 일으킬 만한 모든 것들의 신호를 감지하게 되어 있는 것이다. 사물이 두렵지 않을 때에는 그저 주변의 잡음으로 처리하고 지나친다. 그러나 무엇이든 두렵다고 인식하는 순간 작동한다. 가까이 사귀는 사람들이 "우린 서로 상대방의 스위치를 누른다"라고 말하는 것도 이런 뜻이 아닐까. 어쩌면 그 스위치가 하는 역할이 그것일지도 모르겠다. 경보 스위치 말이다.

우리가 다른 사람들과 친밀한 관계를 엮어 나가는 방식 가운데 하나는 두려움을 나누는 것이다. 즉 계속해서 자신을 두렵게 만드는 것에 대해 서로 이야기하는 것이다. 그러면서 서로에게 이렇게 말하는 법을 배운다. "이건 버림받는 데 대한 내 경보 스위치라는 걸 너한테 알려 주고 싶어. 어머니는 버림받을지도 모른다는 두려움으로부터 날 보호해 주지 못했거든. 그 때부터 설치해 둔 거야." 그러면 내 경보장치에 대해 듣고 있던 상대방은 자신의 경보장치에 대해서도 설명해 줄 수 있다. "네 경보장치 배선도를 봤으니, 이제 내 것도 보여 줄게. 자, 이게 그 청사진이야."

사람들이 살아오면서 어떻게 두려움을 갖게 되었는지 제대로 이해하면 그들에게 화내지 않고 자비로운 마음을 품을 수 있다. "내가 이 사람과 평생을 같이 살아야 하다니, 정말 화나는군" 하고 말하는 게 아니라, 다음과 같이 느끼기 시작한다. "내가 사랑을 느끼는 이 사람에게 경보 스위치가 저렇듯 많이 있다니 참 애처로워. 자신을 보호하려고 저 많은 경보 스위치를 달아야만 했다니, 얼마나 힘들었을까."

아직도 두려움을 지니고 있다고 해서 창피해할 것은 없다. 어른이 되어도 두려움을 지닐 수 있다. 우리는 가장 깊은 두려움을 가장 가까운 사람과 나눈다. 정신적인 스승이나 심리 치료사에게 털어놓는 일도 종종 있다. 운이 좋을 때에는 두려움을 나누는 가장 가까운 친구가 인생의 반려자일 때도 있다. 두려움은 내놓고 말하고 나면 감추어 두었을 때만큼 겁나지 않은 법이다. 나는 나이가 웬만큼 된 사람이라 프랭클린 루즈벨트가 하는 이 말을 직접 들었다. "우리는 두려움 그 자체 말고는 두려워할 것이 없다." 그 말은 정말 맞는 것 같다.

회의

　　마음에 장애가 되는 에너지 가운데 예로부터 "미꾸라지 같은" 것으로 묘사되는 회의懷疑는 이 책에서 가장 쓰기 어려운 부분이었다. 나는 다른 부분을 모두 끝낸 다음에야 비로소 회의에 대해 쓸 수 있었다. 책의 순서로 보면 훨씬 이전에 썼어야 하지만, 펜을 잡을 때마다 좋은 생각이 모조리 미끄러지듯 달아나는 통에 도저히 쓸 수가 없었다. 나중에는 내게 쓸 능력이 과연 있을까 하는 심각한 회의가 들기 시작했다. 나는 수요일 아침반 사람들에게 내가 회의에 대해 쓸 수 없는 까닭이 내게 의심이 없기 때문일 거라고 말했다. 예전에 수없이 많은 강좌에서도 똑같이 말했던 것 같다. 하지만 지금 나는 이 생각이 완전히 틀렸다는 것을 알았다. 내가 어떤 방면에서는 의심이 없는 편이라고 할 수 있을지는 몰라도, 분명 다른 종류의 의심, 근본적 회의는 확실히 품고 있었고 지금도 이따금 품고 있다. 참선 수행을 지도한다는 사람으로서 인정하기가 얼마나 창피한 사실인지! 그렇지만 인정하지 않고서는 이 책을 끝내지 못한다.

　　우리는 개인적인 불안감에서부터 우주적 불안까지 온갖 수준의 회의를 경험한다. 어떤 형태로 나타나든 회의는 사물의 본래 진실로부터 마음이 "미끄러져" 벗어나고 있음을 나타낸다. 명료한 인식을 거치면 삼라만상의 역사에 비추어 우리는 저마다 자신이 될 수 있는 유일한 사람이고 세상은 세상이 될 수 있는 유일한 것이라는 점을 이해할 수 있다. 진실은 이렇다. "모두가 괜찮아." 그렇지만 미끄러져 달아나는 마음은 "난 괜찮지 않아", "넌 괜찮지 않아" 혹은 "세상 역시 괜찮지 않아" 같은 헛소문을 만들어

낸다.

회의는 다른 네 가지 번뇌보다 더 미묘하다. 다른 번뇌는 모두 강한 느낌을 몸으로 느끼기 때문에 금방 알아차릴 수 있다. 욕정, 특히 식욕이나 성욕 같은 것은 신체의 일정 부분에 국한되어 나타나기 때문에 느낌으로 알 수 있다. 강한 혐오는 그로 인해 생겨나는 타는 듯한 감정 때문에 몸이 긴장하여 알게 된다. 나태는 졸림으로 나타나기 때문에 구별된다. 산란은 마음이 안절부절못하거나 몸이 가만히 있지 못하는 등의 형태로 나타난다. 신체적 에너지는 금방 감지할 수 있다.

반면에 회의는 '내가 과연 할 수 있을까' 등과 같은 사기를 저하시키는 생각으로 위장하여 마음속에 미끄러져 들어온다. '깨어있기'라는 경비실을 일단 통과하고 나면 회의는 지하 공작원처럼 믿음과 신뢰에 대해 파괴 공작을 벌인다. 회의는 모든 차원에서 신뢰를 갉아먹을 수 있다. 전적으로 내부 공작에 의해 벌어지기 때문이다.

나는 이렇게 말하곤 했다. "나는 회의감 때문에 고민하지 않아. 내 부모님은 내가 뭐든 할 수 있으리라 믿어 주셨거든." 내게 자신감을 고취시키는 차원에서 두 분은 큰 성공을 거두셨다. 나는 일생동안 이렇게 생각해 왔다. "다른 사람들이 할 수 있다면 나도 할 수 있어." 만약 내가 갑자기 여섯 달 안에 산스크리트어를 배워야 할 일이 생긴다면, 나는 서슴지 않고 바로 배우기 시작할 것이다.

붓다의 가르침을 처음으로 들었을 때, 그러니까 손톱만큼도 제대로 이해하지 못했을 때부터, 나는 이렇게 생각했다. "언젠가는 이걸 가르치게 되겠구나." 가르침을 전하고 있는 지금 나는 당시로서는 얼토당토

않던 그 생각을 고백할 수 있다. 그 가당찮은 생각이 내게 많은 용기를 준 것이다.

나는 내가 물려받은 자신감을 아이들에게 물려준 것 같다. 그렇지만 당시에는 그런 것을 의식한 기억이 없다. 나는 큰손자인 콜린이 두 살 때 무언가 자신감에 차 있는 것을 보고 그것이 어떤 작용을 하는지 비로소 깨달았다.

콜린과 나는 일주일에 하루 동안은 함께 지내곤 했는데, 한번은 아이와 함께 동네 쇼핑몰에 나간 적이 있었다. 그 날은 여느 때와는 상황이 사뭇 달랐다. 내가 허리를 삐어 아무 것도 들 수 없었기 때문이었다.

"있잖아, 콜린." 나는 차 문을 열고 아이 의자의 안전띠를 풀며 말했다. "지금 널 안아 내리지를 못하겠구나. 그러니까 혼자서 내려와야 돼." 콜린은 조심스레 일어섰다. 아이는 뒤돌아 서서 의자에 엎드린 채 기어서 차 바닥으로 내려온 다음, 다시 반쯤 돌아서서 차 문을 기어 땅바닥으로 내려와야 했다. 다 내려오자 아이는 나를 올려다보았다. "이야, 이제 다 컸네!" 나는 진심으로 말해 주었다. "나 다 커쩨!" 콜린은 열띤 목소리로 대답했다. 나는 아이의 대답이 너무나 귀여워 다른 가족들에게도 들려 주었다. 그 뒤 "나 다 커쩨!"는 우리 가족 사이에서 "난 내 자신을 믿는다"는 은어가 되었다.

주차장에서 있었던 콜린의 자그마한 사건을 돌이켜 생각해 보니, 복잡한 일련의 행동을 성공적으로 마치기까지는 주의를 계속 집중할 수 있었던 아이의 능력이 중요한 부분으로 작용했던 것 같다. 예로부터 불교에서는 회의에 대한 처방으로 현재 이 순간의 진실에 주의를 기울이는 능력을 기르도록 가르친다.

삶의 일상사에 대한 자신감은 회의의 연속선상에서 가장 내 쪽에 가까운 끝단이다. 내가 산스크리트 어를 배우는 것에 대해 아무 문제가 없다는 것은 사실이다. 하지만 내가 살아가면서 아무 문제가 없다는 것은 사실이 아니다. 나는 내 속에 근본적 회의가 있음을 인정하기가 늘 어려웠다. "고통에 대한 깊은 통찰"이나 "낭만적 울적함" 내지 "삶이 부서지기 쉬운 걸 보면 우주에 문제가 있는 거야" 하는 식으로 지나쳐 왔다.

"난 괜찮아"는 자부심이다. 비판하지 않는 관용, "넌 괜찮아"는 호의로서 이는 부드러운 집안 내력과 상냥한 부모에게서 배운 것일 게다. 삼라만상에 대한 만족인 "만물은 괜찮아"를 우리는 믿음이라 부른다.

나는 나의 불신을 명예로운 훈장쯤으로 여기곤 했고, "믿음은 부수적인 것"이라 말하곤 했다. 알거나 모르거나 둘 중에 하나이다. 그리고는 진리를 자신이 직접 발견하는 것이 중요하다고 한 붓다의 가르침을 지적하면서, "신념체계 역시 부수적인 것"이라 설명했다. 붓다가 사물에 대한 남의 평가보다는 개인 수행과 직접 확인을 더 중요시해야 한다고 가르친 것은 사실이지만, 믿음이 소용없다고는 말하지 않았다. 그 부분은 내가 지어낸 것이다.

지금 생각해 보면 내가 믿음을 하찮게 여긴 것은 오만이었다. 믿음이 필요치 않은 사람이 누가 있을까? 삶은 설명할 수 없을 정도로 너무나도 복잡하고 애초에 통제가 불가능하다. 물론 괜찮다. 원래 그렇기 때문이다. 붓다는 우주가 아주 정연하다고 가르쳤다. 이는 착오의 결과가 아니다. 그렇지만 너무나도 불가사의하다.

결국 내게 있어 믿음은 회의라는 미끄러운 에너지로 진실이 가려질 때 마음의 균형을 유지시켜 주는 역할을 한다. 그런데 다른 모든 교란 에너지와 마찬가지로, 회의라는 이 미끄러운 에너지 역시 마음의 자연스러운 현상으로 나타난다. "난 회의하고는 담쌓은 사람이야" 하는 입장을 취해 온 것이 얼마나 어리석었는지. 삶에 대한 우울한 생각은 모두 회의의 표현이었다. 그런 사실을 알아차리기까지 많은 시간이 걸렸다.

얼마 전에 나는 깊은 회의의 구렁텅이에 빠진 적이 있었다. 어느 날 아침 일어났는데 삶이 망가진 듯 나를 짓눌러 왔다. 다른 날도 아니고 왜 그날이었는지는 모르겠다. 그 전날 밤에 가족으로부터 슬픈 소식을 들었지만 그리 대단한 것은 아니었다. 계절은 가을로 접어들고 있었고, 보통 때보다 새벽이 늦었지만 그 전날보다 많이 늦지는 않았다. 도무지 이유를 알 수 없었다. 처량한 기분이 들었다.

나는 시골에서 남편과 그리고 좋은 친구 한 명과 사이 좋게 지내고 있다. 두 사람 모두 내게는 정신적 친구이자 막역한 사이고, 둘 모두 서로 다른 의미에서 나의 정신적 스승이다.

"오늘 아침은 기분이 어때요?" 친구가 물었다. "엉망이에요." 나는 울고 말았다. "난 완전히 사기꾼이에요. 사방으로 다니면서 사람들에게 '평화는 가능하다', '삶은 포용할 만하다', '슬픔과 상실뿐이지만 고통받을 필요는 없다고 말하고 있지만 사실이 아니에요. 삶은 완전히 망가졌어요. 그리고 우리 인간은 그걸 견뎌 낼 재간이 없어요. 그런데 만일 모든 종교가 가짜라면, 그래서 우리가 서로에게 엄청난 거짓말을 하고 있는 거라면 어쩌지요?"

아마도 이렇게 짤막하게 말하지는 않았겠지만, 아침을 준비하는 동안 내가 한 말의 요지는 이랬다. 남편과 친구는 내 말을 가만히 듣기만 했다. 나는 울면서 달걀 요리를 했고, 아무도 내 말에 이의를 달지 않았다. 아무도 내게 정신적 진리를 되새겨 주지 않았고 위로하지도 않았다. 그렇지만 나는 두 사람이 듣고 있다는 것을 알고 있었다.

아침 식사 내내 나는 자신과 삼라만상에 대한 회의를 늘어놓았다. "세상이 얼마나 망가졌는지 봐요!" 나는 계속 주장했다. "모든 게 죽어가고 있어요. 어느 누구도 이해심이라곤 조금도 없어요. 모두가 상대방을 죽이고 있어요. 지구는 부서지고 있다구요. 행복을 가르친다는 게 우스꽝스런 일이죠. 우스꽝스러울 뿐 아니라 거짓말이에요. 우선 나부터도 행복하다고 느끼지 못하니까요. 고통을 끝낼 수 있는 경지에 다다른 사람이 있는지 몰라도 나는 아니에요!"

남편에게 내 우울증 발작은 새로운 일이 아니었지만 친구에게는 처음이었다. 나는 잠시 "이건 실례야, 실비아" 하고 생각했다. 그렇지만 나로서는 방법이 없었다. 나는 울었고, 우리는 아침을 먹었으며, 두 사람은 들으면서 "달걀 부침 더 있소?"라든가 "살사 좀 건네주세요" 같은 말을 했을 뿐이다.

아침 식사가 끝나고 우리는 함께 설거지를 했다. 한 시간 뒤 누가 말했다. "경전 공부 좀 할까요?" 내가 대답했다. "거, 좋죠."

마치 아무 일도 없었던 것 같았다. 사실 아무 일도 일어나지 않았다. 회의가 마치 폭풍처럼 굴러왔다 굴러갔을 뿐이다. 아무도 기가 꺾이지 않았다. 나는 주의를 집중하여 버텼고, 두 사람은 나를 지탱해 주었다. 그리고 진실이 다시 중심으로 되돌아왔다. 모든 게 부서진 것은 사실이지만 꾸려 나갈 만하다.

번뇌의 합병증 | 포도 풍선껌

혼란에 빠져 불행하다고 느끼는 사람들은 대개 마음속에 유난히 다루기 어려운 에너지가 가득 차 있다. "화가 나 죽겠어!", "욕망에 타오르는 것 같아!", "회의감에 휩싸여 있어!" 하는 식이다. 이들은 누가 번뇌 합병증에 시달리고 있다는 말을 들으면 이렇게 생각한다. "맙소사, 정말 힘들겠구나." 번뇌 합병증과 단순 번뇌가 마치 폐렴과 코감기만큼이나 다르다고 생각하는 것 같다. 실제로는 모든 번뇌는 합병증이다. 생각해 보라.

당신이 누군가와 사랑에 빠진다고 하자. 마음에 욕망이 가득 찬 당신은 늘 그 사람만을 생각할 것이다. 한동안은 기분이 아주 좋다. 그러다가 일거리가 쌓이고 윗사람이 화를 내기 시작하면 이렇게 생각한다. "정신을 차리는 게 좋겠어." 점점 혐오감이 생겨난다. "이런 생각은 그만둬야지." 그러나 사라지지 않는다. 사랑의 대상을 잠시 마음속에서 몰아내려 해도 소용이 없다. "이런 생각이 없어졌으면 좋겠는데." 이즈음 일거리는 더욱 쌓이고, 사랑하는 사람이 약속한 전화를 걸지 않아 조바심이 난다. 회의감도 생긴다. "이번에도 내 생각은 해 주지 않는 사람과 사랑에 빠지는 실수를 저질렀나 봐. 나도 참 멍청이야!" 조바심이 더 심해진다. "부장님이 떴다! 일은 아직 덜 끝냈는데! 골치 아프게 됐네!" 무기력감이 자리를 잡는다. "난 지쳤어!"

보라. 일단 한 가지가 마음속에 자리잡으면 마음의 다섯 가지 상태가 모두 꼬리에 꼬리를 물고 흘러 들어오는 것이다. 약간 극적으로 보이겠지만 이는 사실이다. 자신의 경험을 생각해 보면 쉽게 알 수 있다. 마음속에 어떤 번뇌가 먼저 들어오느냐는 중요하지 않다. 그 뒤에 나머지 다섯 가지가, 상황에 따라 일정치 않은 순서로 따라 온다.

한 가지 예를 더 들어 보자. 나를 좋아해 주었으면 하는 친구와 함께 오페라에 간다고 하자. 그날 따라 힘든 하루였기 때문에 마음속에 무기력감이 가득 차 있다. 음악이 경쾌하지 않아 눈꺼풀이 내려오는 느낌이 들기 시작한다. 당신은 생각한다. "좋지 않은 인상을 주고 있잖아! 게다가 이 친구는 비싼 돈을 주고 표를 샀는데!" 당신은 무기력감에 대해 노여움을 느낀다. "내 마음 밖으로 나가 버려! 날 형편없는 사람으로 보이게 만들지 말고!" 무기력감은 계속 머물러 있다. 조바심이 생긴다. "중간 휴식까지 버틸 수 있을까. 여기 축 늘어져서 코까지 골면 어쩌지!" 당신은 오로지 저녁 시간이 빨리 지나갔으면 하는 생각뿐이다. 그러다가 오늘은 함께 밤을 보내게 되지 않을까 하는 생각이 든다. 야한 생각에 갑자기 마음이 깨어난다. "좋아." 당신은 생각한다. "드디어 정신이 드는구나! 야한 생각을 계속하면 계속 깨어 있을 수 있을 거야…" 장면이 끝난다. 친구가 묻는다. "오페라 어땠어요?" 아단났다. 당신은 거기 있지도 않았으니까!

나는 1985년 10월 31일 매사추세츠 주 바르에서 포도 풍선껌 하나 때문에 번뇌 합병증에 빠진 적이 있다. 할로윈이었다. 나는 그때 정문에 "자비"라는 현판이 걸려 있는 밋진 신원에서 몇 주간에 걸친 집중 참선수련회에 참석하고 있었다. 환상적인 분위기였다. 고요한 황홀경이라는 게 있다면 바로 그 때의 내 기분을 두고 하는 말일 것이다. 나는 나의 수행이 기쁘기 그지없었고 나 자신도 더없이 미더웠다. 나는 사물을 더없이 명료하게 꿰뚫어보고 있었고 이제 앞으로도 문제없이 내내 그런 상태를 유지하게 되리라 생각했다.

마지막 날 저녁에 선방에 들어섰을 때 나는 완전히 바뀐 방안 장식을 보고 놀랐고, 또 즐거웠다. 수련회 참가자들을 돌보는 선원 사람들이 선방을 할로윈 명절 분위기가 나도록 꾸며 놓았던 것이다. 마치 예술품처럼 멋지게 조각된 호박등이 양초를 밝힌 채 사방에 놓여 있었다.

내 자리로 다가가자 주최측에서 할로윈 선물로 쿠션마다 과자를 하나씩 올려놓은 것이 보였다. 나는 생각했다. "고맙기도 해라." 내 쿠션에 놓인 것이 눈에 들어왔다. 하지만 그것은 내가 좋아하지 않는 포도 풍선껌이었다. 일순간 혐오감이 들었다. 나는 포도 풍선껌을 받고 싶지 않았다. 다른 사람들 것이 더 좋아 보였고 나도 그들과 같은 것이 받고 싶었다. 한순간의 혐오감 뒤에 욕망이 일었다. 그렇다고 내 것을 다른 사람과 바꿔야겠다는 생각을 한 것은 아니었다. 나는 포도 풍선껌을 손에 든 채 그냥 자리에 앉았다. 그 때까지도 내 앞자리에 앉은 친구 로저는 돌아오지 않고 있었다. 문득 내 풍선껌을 그에게 줘야겠다는 생각이 들었다. 로저는 두 개나 되는 할로윈 선물을 받고 틀림없이 기뻐할 것이다. "좋았어." 나는 스스로 자축했다. "부정적인 기분을 행복한 상태로 바꿨잖아."

나는 풍선껌을 그의 쿠션 위 과자 옆에 나란히 올려놓았다. 하지만 그가 돌아와서 과자 두 개를 발견하고는 자리에 앉는 순간 이런 생각이 들었다. "참 멍청한 짓을 했구나! 어쩌자고 껌을 로저의 쿠션에 올려놓았지? 누가 자기 것을 그에게 주었다는 걸 알았으니, 필시 누군가 남몰래 그를 좋아한다고 생각하겠지. 여태껏 그의 마음은 분명히 고요했을 텐데, 그걸 휘저어 놓은 건 아닐까? 지혜롭고 진지한 참선수행자라고 자처하는 내가 그 동요의 원인이 되었다니!" 이쯤 되자 나는 너무나 충동적으로 행동한 데 대한 실망에 젖어 들었고, 내게 도대체 지혜가 있다 한들 얼마나 있을까 하는 회의가 엄습했다. 그 순간 나는 갑자기 지쳐 버리고 말았다. 이 모든 일이 불과 30초 정도 안에 벌어졌다. 고요한 황홀경으로부터 혼란과 낙담에 빠지기까지 1분도 걸리지 않은 것이다.

풍선껌이 사소하다지만 이 이야기는 중요하다. 무엇보다도 마음 상태가 미묘하고 덧없으며 공허하다는 좋은 예가 된다. 날씨와 마찬가지로 마음 상태도 바람처럼 오고 간다. 좋은 기분. 나쁜 기분. 고요한 기분. 기진맥진한 기분. 이 모두가 앞서 말한 저 "앨버커키의 마음"인 것이다.

포도 풍선껌 때문에 생겨난 정신적인 혼란의 와중에서 나는 온갖 종류의 번뇌에 대한 가장 귀중한 대책을 배웠다. 마음을 안정시키는 가장 좋은 도구는 명료하게 꿰뚫어보기라는 사실이다. 나는 그날 현장에서 그것을 똑똑히 보았다. 그리고 웃으며 이렇게 말했다. "실비아, 방금 그게 번뇌 합병증이라는 거야. 고요한 기쁨 속에 살겠다는 찬란한 꿈에서 깨어나시지. 어떤 때에는 평화롭고 고요하고, 또 어떤 때에는 그렇지 않아. 숨을 깊이 들이쉬어. 그리고 웃어. 방금 뭔가를 배웠다는 사실에 기뻐해. 또 한 번 숨을 들이쉬고. 기뻐하라구!"

CHAPTER IV 명료하게 체득하보기 | 지혜와 자비

자연 그대로의 마음 상태

불제자들이 공(空)에 대해 하는 말이나 마음을 광대한 공간으로 표현하는 말을 들으면 사람들은 간혹 어지럽혀지지 않은 고요한 마음을 마치 우주의 블랙홀처럼 생각하는 것 같다. 두려운 느낌이 들어 그들은 이렇게 말한다. "좌선중에 점점 더 마음이 편안해지다가 갑자기 제가 누구인지조차 잊어버릴까봐 겁이 났습니다. 또 어디선가 길을 잃고, 돌아오는 방법도 모르게 될 것 같아 겁이 납니다."

하지만 대체로 이런 일은 벌어지지 않는다. 자신이 누구인지 기억하고, 또 참선수행의 결과로 우리는 예전이 아닌 바로 지금 현재에 있는 것이다. 결코 낯설게 바뀐 곳에 있는 것이 아니다. 광대하고 고요한 마음이란 생각이나 지각이나 감각이 없는 마음이 아니다. 그냥 어지럽혀지지 않은 마음이라는 뜻이다.

내가 어렸을 때, 작은 도시들은 "평화를 어지럽히는" 행위를 금하는 조례를 통과시켰다. 나는 어지럽힌다는 게 어떤 것일까 궁금했다. 공공장소에서 고함지르기? 길거리에서 노래하기? 오늘날처럼 도시 생활이 복잡할 때 본질적으로 혹은 마땅히 평화로운 곳이 있다는 생각은 색다른 멋이 있다.

마음은 본질적으로 평화롭다. 그 사실을 처음 발견했을 때 나는 마치 요즘 유행하는 유머처럼 좋은 소식인 동시에 나쁜 소식 같다는 생각이 들었다. 나쁜 소식이란 편안한 마음, 어지럽혀지지 않은 마음이 반드시 황홀경은 아니라는 점이다. 나는 황홀경이기를 바랐다. 좋은 소식이란 걸국 만족감은 가장 색다른 마음 상태이며 절대로 지루하거나 싫증나지 않는 다는 점이다. 영원히 그곳에 머물 수 있다. 우리가 그곳에 영원히 머물 수 있는 것은 그게 자연 그대로의 마음 상태이기 때문이다.

삼나무도, 불타는 떨기나무도 없어!

애니 딜라드는 내가 참선을 시작한 초기에 큰 영향을 끼친 사람이다. 나는 그녀의 책 『팅커 크릭의 순례자 Pilgrim at Tinker Creek』를 여러 번 읽었고, 그 중 특히 한 부분이 나에게 크나큰 감동을 주었다. 숲 속을 걸어 오두막으로 돌아가는 길을 묘사한 부분이다. 그녀는 팅커 크릭의 오두막에서 1년간 혼자 지내면서 자연을 탐구하고 있었다. 책을 읽는 동안 나는 그녀의 마음이 흔들림 없는 안정된 상태이고, 주의도 대단히 집중되어 있으며, 모든 생명체 간의 상호작용을 지극히 존중하며 살아 온 사람이라는 것을 확연히 느낄 수 있었다. 물론 이는 특별한 깨달음으로 이어질 수 있는 마음 상태이다.

어느 날 그녀는 집으로 걸어가면서 삼나무 한 그루가 불타는 것을 보았다. 나는 그 말이 문자 그대로 나무가 실제로 불에 타고 있었다는 뜻이 아님을 안다. 물론 그 나무에 빛이 나거나 반짝거리는 성질을 가지고 있기는 하지만 그 자체가 특별한 것이 아니라 내 생각에는 그녀가 특별한 눈으로 보기 때문이라고 생각했다. 그녀는 그 순간을 변화의 순간이라 묘사하면서, 자신은 그같은 환상을 위해 산다고 말한다.

나는 나에게도 그런 삼나무 환상이 보이기를 원했다. 모세의 불타는 떨기나무처럼, 나만의 환상을 원한 것이다. 만일 마음에 흔들림이 없다면 바깥 상태와는 상관없이 내 안에서는 마치 독립기념일 불꽃놀이처럼 축하의 불꽃이 터져 나오지 않을까 상상했다. 내가 이런 생각을 갖게 된 것은 비틀즈의 영화 「노란 잠수함」에서 모든 것이 갑자기 온갖 빛깔로 터지는 첫 장면에서 받은 깊은 인상 때문일 수도 있다. 어쨌든 나는 모든 것이 온갖 빛깔로 터지기를 원했다.

참선 수행을 계속하면서 실제로 심신을 통해 멋진 경험을 하기도 했다. 온몸에 가벼운 황홀감을 느끼기도 하고, 짜릿한 즐거움에 몸이 떨리기도 했다. 주위 빛깔이 평소보다 선명하게 보이기도 하고, 심지어 나뭇잎들이 실제보다 더 뾰족해 보일 때도 있었다. 참선 수련회에서 먹는 음식은 보통 때보다 훨씬 더 선명한 맛이 난다. 그렇다고 마른 사과가 즙이 많아진다는 뜻은 아니다. 마른 사과는 여전히 마른 사과였고 나는 그 점을 알고 있었다. 좋은 맛은 예전부터 좋은 맛일 뿐 그 이상은 아니다. 아무것도 불타지 않았고, 아무 것도 빛나지 않았으며, 마음속의 불꽃놀이도 없었다.

수행을 시작한 뒤 몇 년이 지난 어느 날, 참선 도중에 나는 선원 밖으로 나와 뒷문 가까이 있는 벤치에 앉아 점심 시간이 되기까지 기다린 적이 있다. 안개가 낀 흐린 날이었다. 선원은 단조로운 환경 속에 자리잡은 낡은 건물이었으며, 캘리포니아의 2월 날씨가 원래 그렇듯 찌푸리고 특이할 게 하나 없는 평범한 날이었다. 벤치는 차가웠다. 내 앞에는 나무가 한 그루 서 있었는데, 아직 싹이 움트지 않아 벌거벗은 그대로였다. 이런 생각이 들었다. "이 나무가 내 삼나무가 되려나."

나는 눈을 감고 호흡에 주의를 집중했다. 차가운 벤치에 앉은 내 몸을 느꼈고, 주위의 습한 공기를 느꼈다. 아주 편안한 기분이었다. 나는 차가운 벤치가 좋아지기 시작했다. 벤치의 딱딱한 느낌도 좋았고, 주위를 에워싸고 있는 서늘한 안개가 좋았다. 배가 고팠지만, 기분은 여전히 좋았다.

　　이윽고 점심 시간을 알리는 종소리가 들려왔다. 무척이나 듣기 좋은 소리였다. 그러나 벤치에서 일어나 사람들의 대열에 끼고자 하는 충동은 조금도 일지 않았다. 나는 여전히 그 자리에 앉아 있었다. 그때 이런 나의 행동이 이상한 경험임을 깨달았고, 내 안에서 무엇을 하고자 하는 충동이 조금도 일지 않는다는 사실이 놀라웠다. 아늑한 환경의 실내에서 즐거운 활동을 재촉하는 종소리가 들렸음에도, 내 안에서는 상황을 바꾸고자 하는 욕구가 전혀 일지 않은 것이다.

　　나는 만족했다. 그리고 이렇게 생각했다. "대단한데! 만족은 모든 마음 상태 가운데 가장 색다르구나. 너무나 특이해." 그러다가 문득 이런 생각도 들었다. "바로 이게 내가 깨달음에 이른 순간일 거야. 분명 내가 눈을 뜨면 앞에 있는 나무가 반짝반짝 빛나면서 광채를 뿜고 있을 거야." 나는 아주 가만히 그리고 조금씩 눈을 떴다. 하지만 나무는 전과 조금도 달라지지 않았다. 여느 때처럼 평범했다. 그래도 나는 정말 행복했다.

　　아직도 이따금씩 빛나는 삼나무를 보고싶다는 욕구가 생겨난다. 대개 내 마음이 특히 고요하고 활기에 넘칠 때 그렇다. 그럴 때에는 이렇게 생각한다. "이건 아주 특별한 느낌인걸. 지금이 내 불타는 떨기나무의 순간이 될 모양인데?" 그런 일은 아직 벌어지지 않았다. 사실 나는 그래서 기쁘다. 만일 환상을 본다 해도 그리 오래 지속되지는 않을 것이고 곧 사라질 것이다. 그러고 나면 나는 다음 환상을 찾기 시작할 것이고, 또 다른 문제가 발생할 수도 있는 것이다.

　　불타는 떨기나무는 드물고 좀처럼 보기 힘들다. 모든 순간에는 만족의 가능성이 있다. 사실 모든 순간은 만족스럽다. 만족스럽지 않을 때는 마음이 그 순간을 엉망으로 만들었기 때문이다.

경험의 세 가지 특징

붓다는 모든 삶의 경험에 관한 세 가지 진리를 가르쳤다. 이를 완전히 이해한다면 행복과 만족이 보장되는 그런 진리이다. 하지만 세 가지 모두 쉽게 알 수 있는 것이고, 그런 이유로 사람들에게 그 진리를 가르치면 흔히 이런 대답이 나온다. "그게 다예요? 그건 누구나 아는 거잖아요!" 맞다. 정말 상식적인 진리이고 누구나 안다고 해도 과언이 아니다. 참선의 목적은 우리가 속으로 깨닫게 됨으로서 보다 덜 겁먹고, 보다 더 친절한 행동을 할 수 있게 되는 것이라 생각한다.

모든 경험에 나타나는 세 가지 특징 또는 성격은 아니카anicca와 두카dukkha, 아나타anatta이다. 아니카는 일시적이라는 뜻이다. 아무 것도 지속되는 것은 없다. 사물은 "미래"라 부르는 가공의 지평에 어스름 나타났다가 경험으로 지나가서, "과거"라 부르는 공허 속으로 사라진다. 작년에 있었던 월드컵은 남북전쟁과 마찬가지의 공허이다. 두카는 불만족이다. 아무 것도 영원하지 않으므로 쉴 곳 또한 없다. 삶은 평안을 찾아가는 일련의 적응인 것이다. 아나타는 따로 떨어져 있는 자아는 없다는 뜻이다. 즉 경험의 흐름이 끝도 없이 생겨나 펼쳐졌다 사라지는 것만이 존재하는 전부라는 뜻이다. 누가 따로 떨어져 나와 그 흐름을 지켜본다는 생각은 착시이다.

만일 진리가 그리 간단하고 누구나 알고 있는 거라면 우리는 왜 참선을 해야 할까? 세상에는 원래부터 지혜로운 사람들도 있다. 그렇지만 그 나머지 우리 같은 사람들은 지식으로 아는 것만으로는 충분치 않은 듯

하다. 참선은 속으로 아는, 그래서 탈바꿈할 수 있는 가능성을 열어 준다. 불교에서는 이 탈바꿈을 지혜의 계발이라 부른다. 지혜는 보이지 않지만 그 비친 모습은 볼 수 있다. 그것은 행복, 두려움 없는 상태, 친절이라는 모습이다.

밴 운전기사

어느 월요일 아침, 나는 밴을 타고 매사추세츠 주 로간 공항으로 가는 길이었다. 승객은 나뿐이었다. 기사는 내 나이 정도로 보였고, 나와 마찬가지로 그 역시 아이들과 손자손녀들이 있겠구나 하는 짐작이 들었다. 그는 몇 분도 채 가기 전에 아이들과 손자손녀가 모두 몇 명이며, 남녀 비율은 어떻게 되고, 나이는 몇 살인가 하는 등의 이야기를 모두 들려 주었다. 또, 유전이라는 게 정말 신통해서, 짐 할아버지의 빨강머리와 루이스 고모의 극단적인 수줍음을 네 살 난 케빈이 물려받았다며 가족 이야기에 열을 올렸다.

신통하다는 내용으로 시작한 화제는 저절로 즐거움으로 흘러갔다. 배우인 그의 손자, 스웨덴어를 할 줄 아는 내 손자, 서로 아끼고 사랑하는 그의 가족, 그리고 그와 다를 것 없는 내 가족 이야기. 그러다 문득 화제는 고통에 관한 이야기로 넘어갔다. 건강에 문제가 있는 아이들, 직장 문제, 애정 문제 등등.

나는 사람의 삶은 누구나 비슷해 보인다고 말했다. 이름만 다를 뿐 여러 가지 기쁨과 근심은 마찬가지인 것이다. 그 또한 그런 나의 의견에 동의하며 몇 년 전 일을 떠올리고는 빙그레 웃음 지었다. "교회에 가려고 아이들에게 외출복을 입힐 때 정말 즐거웠죠." 그가 말했다. "맏이가 열 아홉일 때 막내가 태어났는데, 교회에 들어서면 우리 가족은 정말 멋있어 보였죠. 우리 여덟 식구 모두가 말이죠. 크리스마스 이브였어요. 정말 볼 만했지요. 그 때는 그게 그렇게 중요해 보였는데, 지금은 언제 그런 일이 있었나 싶네요. 나는 우체국에서 34년 동안 근무하다가 운전을 시작했는데, 우체국도 정말 있었던 일인가 싶다니까요!"

"이 덧없는 삶은 냇물의 거품과 같고 이우는 별과 같으며 허깨비 같고 꿈과 같다'고 전하는 금강경은 이런 점에서 아주 설득력이 있다. 그렇지만 내 학생들은 이따금 '공(空)'이라는 개념과 '실체란 없다'라는 개념을 어렵게 생각한다. 그 순간에는 모든 것이 진짜고 중요하며 실체가 있어 보이는 것이다. 어쩌면 경전의 웅변적인 시 구절이나 무생물적 이미지 자체가 혼란을 일으킬지도 모른다. 그러나 우리 자신의 삶에서 겪는 경험을 곰곰이 생각해 보면 그것이 사실임을 알게 된다.

아니카 | 일시적

　　아니카는 모든 것이 일시적이라는 진리로서, 모든 경험은 끊임없이 변화하는 성격을 지니고 있다는 것이다. 물론 우리는 사물이 변화하며 아무 것도 지속되지 않는다는 것을 알고 있다. 내가 아는 사람 가운데 치과에 가기를 즐기는 사람은 아무도 없지만, 치료를 받으러 갈 때면 모두들 어느 정도는 편안한 마음으로 간다. 만일 약속 시간을 정하지도 않았고 언제 갈지, 아니면 가기는 할 건지조차 정하지 않은 상태라면 아무도 가려고 하지 않을 것이다. 우리는 치과에 간다든지 하는 분명한 일에서 사물이 변화한다는 것을 기억하지만, 혼란스러운 상황에 맞닥뜨리면 그만 잊어버리고 만다. 근심은 우리를 혼란에 빠뜨리고, 상실과 슬픔은 우리를 두려움에 빠뜨린다. 만일 일시적이라는 성질에 대해 마음을 조금이라도 명료하게 열어 둘 수 있다면 우리는 복잡하고 어려운 상황에서도 무난하게 대처할 수 있다.

이 또한 지나가리

내 넷째 아이는 맏이가 다섯 살이 되던 해 태어났다. 나는 너무 기뻐 어쩔 줄 몰라했다. 그때 나는 주방에 "이 또한 지나가리"라는 글귀를 써 놓았다. 사실 그랬다. 이제 나는 그 시절을 애정에 찬 마음으로 떠올린다. 그 시절이 얼마나 빨리 지나가고 내 인생의 나머지 부분 역시 얼마나 빨리 지나갔는지를 실감할 때면, 내일 아침 자리에서 일어나면 내가 갑자기 팔순이 되어 있을 것 같은 착각이 든다. 시어머니는 만년에 한숨을 쉬시며 "눈 깜짝할 사이에 지나갔구나"라고 말하시곤 했다. 나는 그것이 시어머니의 인생에 국한되는 것으로만 알았다. 지금 생각해 보니 시어머니가 옳았다.

편안한 상태로 오래 머무는 것은 없다

내가 살고 있는 집은 백 년이 된 집이다. 우리가 이사왔을 때 마당에서 현관으로 이어지는 계단에는 난간이 붙어 있었다. 예전에 이 집에 살던 노부부는 좀더 편안한 집으로 이사했고, 젊고 건강한 우리로서는 필요도 없고 볼품도 없는 그 난간을 떼어 냈다.

최근에 우리는 난간을 다시 달아야만 했다. 우리에게는 아직 당장 필요치 않지만 우리 집을 찾는 친구들 중에는 난간을 필요로 하는 사람들이 많다. 놀라운 것은 우리가 그것을 떼어 낸 게 마치 어제 같다는 사실이다. 만일 "내 인생이 나를 지나치고 있다"는 말로 일시성에 대한 감상적인 이야기를 시작한다면 울적한 기분이 들 것 같다. 하지만 현재 순간을 소중히 여기는 의미에서의 감상이라면 도움이 될 것이다. 감상 하나만으로 '그럴 수도 있었을 텐데' 하는 생각에 집착하면 수렁에 빠지고 만다. 내가 아는 사람들 가운데 필리스는 요즘 들어 난간을 필요로 한다. 그녀도 10년 전 처음 만났을 때는 우리 집으로 올라오는 계단 세 개를 그렇게 힘들어하지 않았다. 이제는 몸이 쇠약해져서 편안히 앉으려면 특별한 의자가 필요한 처지다. 지난주 나는 등뒤로 베개를 받쳐 주면서 물었다. "이러면 좀 나아요?"

필리스는 잠깐 생각에 잠긴 듯 가만히 있다가 이렇게 대답했다. "예. 그렇지만 편안한 상태로 오래 가는 건 없다우."

둘 | 불만족

"삶이 불만족스럽다"고 말하면 마치 불평하는 것처럼 느껴져 약간은 예의에 어긋나게 들릴 수도 있다. 초등학교 3학년 때 나는 "남과 어울리기" 항목에서 "불만족스러움"이라는 판정을 받았는데, 지금도 그 일을 생각하면 서운하다. 내가 그런 나쁜 평가를 받은 것은 아마 다른 아이들은 남과 더 잘 어울려 협동하고 놀았기 때문이었을 게다. 그렇지만 삶이 어떻게 "불만스러울" 수 있을까? 무엇에 비교해서?

궁극적 불만족은 붓다가 경험의 특징이라 가르친 두 번째 것으로서, 일시적이라는 특징을 염두에 둔 부연 설명이다. 이것은 해탈의 길로 이어질 수 있는 진리이다. 일시적이라는 특징을 "제대로 깨달으면" 무엇을 붙잡고 있다는 것은 고통스러울 뿐 아니라 완전히 무익하다는 사실 또한 "제대로 깨닫게" 된다.

그 자리에 계속 있으리라고 믿을 수 있는 것은 하나도 없다. 한번은 초보자들을 위해 한 주에 걸쳐 특별 과정을 지도한 적이 있다. 내가 가르치는 깨어있기 수행을 비롯한 여러 수행법에서는 사람들에게 호흡에 주의를 기울이게 하는 것으로 시작하는 경우가 많다. 이는 누구나 숨을 쉴 뿐만 아니라 다루기가 간단하고도 쉽기 때문이다. 호흡에 주의를 집중하면 대개는 마음이 차분해지며 또렷이 집중하는 능력이 커진다.

나는 참선을 지도할 때 사람들의 관심이 끊임없는 변화에 집중될 수 있도록 노력한다. 여기에는 목적이 있다. 그저 마음을 가라앉히기 위해서가 아니라, 지혜를 키우고 그들 스스로 붓다가 가르친 저 커다란 해탈의 경지를 경험하게 되기를 바라기 때문이다. 예를 들면 나는 학생들의 좌선을 인도하면서 이렇게 말한다. "호흡에 관심을 기울이는 동안, 호흡이 나타났다가 사라지는 것을 특히 주의 깊게 관찰합니다. 나타나는 것은 모두 사라집니다."

며칠이 지났다. 나는 사람들이 일시성에 대한 경험을 의식하기 바라며 계속 지도해 나갔다. "걸을 때 매번 발소리가 나타났다가 사라지는 것을 관찰합니다." "점심을 먹는 사이에 식사 시작할 때 느꼈던 식욕이 사라지는 것을 관찰하십시오."

마침내 어느 날 오후, 한 학생이 절망에 빠진 듯 내 말을 가로막았다. "그 말은 왜 계속 하는 거죠?" 그는 불만을 터뜨렸다. "도저히 더 못 듣겠습니다." 나는 대답했다. "그 말을 하는 이유는, 그게 사실이기 때문입니다."

그가 낙담하는 것도 무리가 아니다. 나도 상당히 오랫동안 그 학생과 같은 생각을 품고 있었다. 나 또한 참선을 하는 동안 사라진다는 현상이 내가 의식하는 유일한 것이던 시기가 있었다. 삶 전체가 죽음으로 이르는 고통스럽고 부질없는 움직임 같아 보였다. 어느 날 나는 담당 참선 지도자를 만나, 모든 것이 너무나도 공허하고 의미 없어 보인다고 토로했다.

"아주 조심해야 돼요, 실비아." 그가 말했다. "불만족에 대한 인식 때문에 삶의 경험에 대한 혐오가 생겨나지 않도록 말입니다."

"고맙습니다." 나는 자신이 가르치는 내용에 정통한 존경받는 스승들에게 하는 것과 같이 예의바르게 대답한 다음 면담을 끝냈다. 문을 닫고 나오면서 나는 생각했다. "무슨 수로?!"

얼마 지나지 않아, 나는 여전히 '불만족, 즉 무의미'라는 관점에 빠진 채 남편과 함께 하와이로 휴가를 떠났다. 참 황당한 시기였다. 하와이 특유의 아름답고 낭만적인 분위기와 내 기분은 너무도 어울리지 않는 그림이었다. 우리는 바닷가 야외 식당에 앉아 해가 지는 광경을 지켜보곤 했다. 우리 주변에는 다들 쌍쌍이 손에 손을 잡고 온 연인들이었다. 석양에 물든 얼굴에 미소를 머금은 면면들을 보아하니 달콤한 사랑의 말을 속삭이고 있는 듯한데, 그런 한 쪽에서 나는 한없이 울고 있었다! "또 하루가 가 버렸구나! 모든 게 지나가고 있어! 모든 게 공허하고 무의미해!" 나는 그 휴가 기간 동안 남편에게 그리 재미있는 동무는 아니었던 것 같다.

모든 것이 무의미해지지 않으면서도 불만족을 이해하는 또 한 가지 방법이 있다. 연약함과 덧없음, 조만간 우리는 서로를 잃을 것이라는 사실을 의식하면 상대방에게 전적인 사랑과 친절을 베풀어야겠다는 생각이 확실히 든다. 이따금 사람들은 병세가 위독한 사람을 두고 이렇게 말한다. "이제 살날이 얼마 남지 않았어." 우리는 모두가 살날이 얼마 남지 않았다. 아무도 며칠이나 남아 있는지를 알지 못한다. 말 그대로 우리는 한 순간도 놓쳐 버릴 수 없는 것이다.

무의미하다 해도 버섯은 중요하다

내 친구 알타는 삶을 통해서도 내게 교훈을 주었고, 죽음을 통해서도 교훈을 주었다. 그녀는 79년 동안을 아무 문제없이 건강하게 살다가 어느 날 갑자기 심하게 앓기 시작했다. 오래지 않아 죽을 것이 분명했다. 그녀는 이 사실을 언제나 그렇듯 더없이 품위 있게 받아들였다. 이것이 그녀가 내게 준 가르침의 절반이었다.

나머지 반은 어떤 것이 의미 있는가 하는 것이다. 알타가 내게 말을 할 수 있던 마지막 날, 그러니까 죽기 이틀 전에 우리는 의미에 대해 이야기했다.

"그 모든 것의 의미를 생각하고 있는데, 그리 중요해 보이지는 않네요. 당신 생각은 어때요?" 알타가 물었다. "아마 '공연한 법석'이 아닐까요?" 내가 말했다. "그런 것 같아요." 그리고 그녀는 이렇게 덧붙였다. "당신 아버지 장례식 때 당신 고별사 참 좋았어요." "당신 것도 할게요." "공연히 수고를 끼치고 싶지는 않네요…." "무슨 말씀이세요, 알타! 어떤 내용으로 할까요?" "상관없어요. 마음대로 해요." "당신의 매리네이드 버섯 요리법을 들려 주면 어떨까요?" "그거 좋네요. 아주 좋은 생각이에요. 다들 맛있어 했거든요." "요리법 기억하고 있어요? 지금 가르쳐 주셔도 돼요." "글쎄요. 찾아 봐요. 요리법 상자 안에 있거든요. 만들면 네 시간 안에 먹어야 한다는 말도 꼭 해야 돼요. 버섯이 시들거든요."

버섯은 다른 모든 것과 마찬가지로 의미가 있다.

아나타 | 공허

해탈을 위해 붓다가 가르친 진리 가운데 세 번째는 변화의 법칙을 설명한 것이다. 모든 것은 끊임없이 변하기 때문에 변화의 주인도 없고 변화가 일어나는 대상도 없다. 우리는 명사가 아니라 동사이며, 펼쳐지는 경험이자 앞서 들려 준 사연의 속편으로 *스스로*를 들려 주는 사연이다. 「록키 2」, 「실비아 3」, 「플라카의 아들」. 특정 사연에 관련된(좀 더 불교적으로 말하자면 그것들로 "연을 맺은"), 그러나 근본적으로 모든 사연에 관련된, 별나지도 영속적이지도 독립적이지도 않은 사연이다.

우주적 관점, 지역적 관점

어디에선가 읽은 적이 있는데, 달에 내렸던 우주인이나 지구 전체를 아주 먼 곳에서 바라본 경험이 있는 우주인들은 모두 비슷한 경험을 했다고 한다. 자신의 근거지에 가까이 다가갈수록 품게 되는 '좋다' 또는 '나쁘다' 하는 부수적 판단 없이, 지구에서 벌어지는 갖가지 사연의 범위에 경외심과 놀라움을 느꼈다는 것이다. 지구상이기는 했지만 나 역시 가족을 떠나 멀리 여행하면서 그와 약간은 비슷한 경험을 했다. 가족이 가까이 있을 때에 느낄 수 있는 실망이나 기쁨보다는, 그들이 존재한다는 사실 자체가 훨씬 더 크게 다가오는 것 같았다. 참선은 우리가 아주 가까이 개입되어 있을 때조차도 마음속에 멀리서 바라보는 관점을 견지하는 능력을 키워 준다.

나는 달에서 지구가 떠오르는 광경을 찍은 사진을 좋아한다. 완벽하다. 광활한 검은 공간을 배경으로 청과 녹의 거대한 구체가 궤도 안에 걸려 있다. 그 시점에서 바라보는 지구는 경외심을 불러일으킨다. 생물이 태어나고 죽고, 한쪽에서는 식물이 꽃을 피우고 반대쪽에서는 시들어 간다. 눈이 내리고 바람이 불고 화산이 폭발하며, 지진이 일어나고 사람들이 이야기하고 음악이 연주된다. 달에서 바라보면 이 광경은 놀라운 우주의 드라마이다. 하지만 그 드라마 안에 있는 우리의 일상적인 관점에서 달을 올려다보면 이야기가 달라진다. 그 드라마에서 내 드라마로 바뀌어 저마다 문제가 발생한다. 충분히 멀리 떨어진 곳에서 보면 내 사연이 아니다. 55억 개의 사연 가운데 하나가 되는 것이다.

두 가지 관점을 동시에 염두에 두기란 대단히 힘들다. 20년 전에 내가 듣던 수업에서 내 친구 잘만은 한 가지 시나리오를 제시했는데, 나중에 나는 내가 가르치는 수업에서 그의 시나리오를 열 번도 넘게 인용했다. 두 가지 관점을 한꺼번에 유지하는 데에 따르는 미묘한 긴장을 설명해 주는 시나리오다. 그는 극장에 앉아 알프레드 히치콕의 영화 「사이코」를 보고 있다는 상상을 떠올리라고 했다. 첫 장면에서 재닛 리가 샤워 도중에 칼에 찔린다. 당황한 나머지 일어서서 극장 밖으로 나가려는 우리에게 한 친구가 이렇게 말하며 말린다. "잠깐만! 이건 그냥 영화일 뿐이야!" 잘만은 우리에게 계속 상상하게 했다. 우리는 다시 앉아 줄거리를 쫓아간다. 아까 그 친구가 2분마다 한 번씩 우리 팔을 건드리며 말한다. "명심해. 이건 그냥 영화일 뿐이라구!" 결국 우리는 짜증이 날 것이고 이렇게 말할 것이다. "좀 가만히 있어. 영화 좀 보게!"

삶이 마치 우리 각자가 역할을 하나씩 떠맡은 영화와 같다는 사실을 안다고 하여 우리가 삶에 대해 무관심하거나 소홀해도 된다는 뜻은 아니다. 정말 훌륭한 배우는 맡은 역할을 체화하여, 극중 인물이 생생하게 살아났다는 호평을 받는다. 나는 내 삶을 완전히 체화하고, 마치 실제인 양 내 역할을 연기하며, 끝날 때 품위 있게 퇴장하고 싶다. 그러자면 우주적인 관점을 유지할 필요가 있다.

아버지께서 돌아가실 때 나는 임종을 지켜보며 침대 곁에 있었다. 아버지는 마지막 며칠 동안 거의 혼수상태에 있었고, 아주 잠깐씩 의식이 돌아오곤 했다. 우리는 아버지가 죽어 가고 있음을 알고 있었고, 그래서 최대한 편안하게 해드리도록 애쓰면서 임종을 기다렸다. 드문드문 아버지의 숨이 끊어질 듯 이어지고 있었다. 몸이 떨리면서 사람들이 죽을 때 나타나는 호흡정지상태가 나타났다. 나는 아버지의 손을 잡고 미리 준비한 말을 했다. "빛으로 나아가세요. 지금이 이 육신에서 벗어날 기회예요." 나는 내가 그렇게 말할 수 있어 기뻤다. 사람이 죽을 때 해 줄 수 있는 좋은 말이다("한 세상을 멋지게 사셨어요." "다들 아버지를 사랑했어요." "이제 떠나갈 시간이에요." "이 늙은 육신은 더 이상 필요하지 않아요."). 아버지의 호흡이 어려워질 때마다 나는 이 말들을 되풀이했고, 아버지는 다시 편안히 잠이 드셨다. 임종이 아주 가까워지자 아버지는 다시 호흡정지상태로 들어가기 시작했다. 나는 벌떡 일어나 "빛으로 나아가세요" 하는 말을 시작했다. 그때 아버지는 눈을 뜨고 나를 바라보시더니 아주 또렷하게 이렇게 말씀하셨다. "그게 말이야, 그리 대단한 게 아니란다."

재봉틀 기사 | 자신의 사연을 잊기

아무도 사연의 주인이 아니라는 인식, 즉 아니타의 깨달음은 가장 체득하기 어려운 것 같다. "난 너무 슬퍼" 하는 말은 마치 우리 안에 그 슬픔을 소유하는 누군가가 있다는 의미로 느껴진다. 나는 자신의 사연을 꿰뚫어보고 그것으로부터 자유로워진 사람을 만난 일이 있다.

그 당시 우리집 재봉틀이 고장났는데, 새로운 곳으로 이사 간 직후라 전화 번호부를 뒤져 취급점을 찾아냈다. 차를 몰고 가서 보니 가게 창에 붙어 있는 팻말이 눈에 띄었다. "장사 잘 됩니다. 사람들 너무 좋습니다. 인생 멋집니다!" 재봉틀점 치고는 특이한 팻말이었다. 사실 어떤 가게라 쳐도 특이했다.

문을 열고 들어갔더니 벽과 계산대 위에도 비슷한 문구가 팻말에 씌어 있었다. 열쇠고리 카탈로그에서나 볼 수 있음직한 문구였다. "삶이 그대에게 레몬을 건네주거든(삶이 그대를 속이거든) 그걸로 레모네이드를 만들어라!", "오늘은 당신에게 주어진 것, 그걸로 뭘 만들지는 당신 마음이다." 내가 들어서자 상점 주인은 눈인사 정도만 하고 먼저 온 손님에게 온통 주의를 기울이고 있었다. 그는 서두르지 않았고 나도 바쁘지 않았다.

내 차례가 되자 그는 나에게도 정성을 다했다. 내 재봉틀 수리가 끝났을 때 나는 마치 심리학자처럼 개인적인 질문을 던졌다. "성격이 참 밝은 분 같군요. 어머니께서 발랄한 성격이셨나요?" "아뇨." 그가 대답했다. "어머닌 알콜중독에다 우울증이 심했지요." "그럼, 밝은 성격은 아버지한테서 물려받았나 보죠?" 내가 다시 물었다. "아뇨. 아버진 성미가 불같은 사람이라 제가 많이 맞았죠." "그런데도 잘 된 걸 보면 정말 놀랍네요!" 나는 감탄했다. "잘 되다니요! 난 엉망이었어요!" 그는 씁쓰레한 미소를 지었다. "학교에선 성적은 형편없었고, 결국 읽기도 제대로 못 배웠어요. 고등학교까지 마친 건 자꾸 나이가 들어가니까 하는 수 없이 진급을 시켜 준 덕분이었죠."

그가 자신의 이야기를 너무도 거리낌없이 말하는지라 나 또한 더 자세한 것들을 물어 볼 수 있었다. 그의 상황은 상식적인 추측을 모조리 뒤엎은 것이었다.

"고등학교를 마치고는 문제가 더 심각해졌죠. 마약을 했거든요. 말썽에도 휘말려 들었고, 결국 달리 할 줄 아는 것도 없고 해서 해병대에 들어갔죠. 첫날 우리한테 제복을 주더군요. 머리도 깎아 주고. 신병 여섯 명이 한꺼번에 머릴 깎았어요. 우릴 전부 벽 쪽으로 앉혀 놓고 깎더군요. 다 깎은 다음 우리 여섯 명을 모두 돌려 앉혔어요. 거울을 볼 수 있도록요. 그 순간 덜컥 겁이 납디다. 내가 누군지 모르겠더라구요! 내가 사연을 알고 있던 사람이 거울 안에 없는 거예요!"

그가 해 준 이야기 가운데 그 부분이 내게는 가장 중요했다. "내가 사연을 알고 있던 사람이 거울 안에 없는 거예요!" 중요한 것은 오로지 무슨 사연을 갖고 있는가, 하는 것뿐이라는 사실을 알게 되자 그는 새로운 사연을 갖기로 결심했다고 했다. 예전의 사연은 그리 탐탁지 않다는 생각이 든 것이다.

그는 해병대를 마치고, 재봉틀 교육을 받을 수 있을 만큼 기계를 배웠으며, 결혼하고, 아이를 낳고, 작지만 번창하는 점포를 운영했다. 그는 농담처럼 말하기를 자기는 평생토록 아직 책을 한 권 이상 읽어 본 적이 없다고 했다. 그래도 그의 상점에는 사람들이 몰려드는 것 같다. 아마 그가 재봉틀을 잘 고치기 때문이기도 하겠지만, 내 생각에 대부분은 그의 분위기를 좋아하기 때문일 것이다. 그의 가게를 찾는 사람 가운데 나만큼 여러 가지를 물어 보는 사람은 아마 없을 게다. 그저 그가 특별한 걸 알고 있겠지, 하는 정도로 생각하지 않을까.

승화된 정신 상태

　　전통적으로 불교에서는 자비심, 연민, 함께 기뻐하는 마음, 그리고 평정심을 승화된 정신 상태라 한다. 혼란에 휩쓸리지 않은 마음의 본질은 궁극적으로 광대하다. 마음은 본래부터 평정하며, 모든 것을 감싸 편안한 균형 상태 안에 끌어안는다.

　　여러 가지 사건에 대해 자연스레 마음의 움직임이 이는 것은 이 평정한 곳에서부터이다. 모든 존재에 대한 자연스런 반응으로 자비심이 생겨난다. 고통에 대한 반응으로 연민이 생겨난다. 다른 사람에게 생긴 좋은 일을 알게 될 때 함께 기뻐하는 마음이 생겨난다. 이러한 세 가지 마음(자비심, 연민, 함께 기뻐하는 마음)과 가슴의 움직임은 모두 근원적 평정심이 거울에 서로 다르게 비쳐 나타나는 모습이다.

　　평정심은 텅 비어 있지 않다. 평정심은 모든 것으로 가득 차 있다.

자비

영어에서는 어색하기도 하고 다소 생소하기도 한 용어인 자비 lovingkindness는 팔리 어 메타(metta)를 옮긴 말로, 완전하고 한없는 호의를 말한다. 붓다는 편안한 상태의 마음은 친절하고 상냥하며 호의적이라 가르쳤다. 편안한 상태의 마음은 거의 모든 사람을 좋아한다. 성격이나 행동 때문에 좋아하기 힘든 사람까지도 연민으로 감싸안는다.

사람들은 특별한 수행을 통해 한량없는 자비를 키운다. 거기에는 참선도 포함된다. 가게 점원에게 미소짓기, 짐을 나르는 사람을 돕기, 바쁘게 달려오는 사람을 위해 엘리베이터를 붙잡아 두기 등과 같은 일상생활의 실천도 거기 포함된다. 언뜻 보면 메타 수행, 즉 호의를 갖는 수행은 다른 사람들을 위한 것 같다. 그러나 정확히 그 비중만큼 우리 자신을 위한 것이기도 하다.

호의는 어렵지 않다. 호의는 따로 배울 필요가 없다. 호의를 베풀겠다는 것을 기억하기만 하면 된다. 어린이들은 겁먹지만 않으면 호의적이다. 강아지들도 호의적이다. 내 친구 밥은 최근에 갈라파고스의 펭귄들이 호의적이라는 사실을 알게 됐다. 위협을 느끼지 않기 때문이다.

어떤 사람에 대한 나의 마음가짐이 호의적이지 않다고 느낄 때 나는 스스로에게 "내가 어떠한 위협을 느끼고 있는가?" 하고 묻는다. 언제나 뭔가가 있다. 내가 아는 모든 사람들의 행복을 기원하는 의식적인 메타 수행을 처음 시작했을 때, 내 가슴속에 그토록 많은 적의를 묻어 두고 있었음을 깨닫고 무척 놀랐다. 대단한 적의는 아니었지만 여기서 약간 무시당한 일, 저기서 약간 책망 받은 일 등, 내 레이더에 아주 작은 점으로 나타난 사건들조차 나는 남몰래 꼼꼼히 "내가 별로 좋아하지 않는 사람들" 명단으로 만들어 두고 있었다. 마치 「미카도」의 고등집행관처럼 나 역시 "절대로 보고 싶어지지 않을 사람들"이라는 작은 명단을 갖고 있었던 것이다.

그렇다고 내가 적극적으로 그 사람들에 대한 악의를 뿜어내고 있었던 것은 아니다. 실로 나는 그런 기억에 놀라고, 이토록 여러 해가 지난 뒤에까지 내게 끼친 효과에 당황했다. 또 내 자신의 이미지에도 구름이 끼었다. 나는 놀라우리만치 아량이 넓은 사람이라는 생각을 해 왔는데, 그게 사실이 아닌 것으로 드러나자 실망스러웠다.

실망했기 때문에, 또 남몰래 적의를 품고 다니고 싶지 않았기 때문에 나는 내게 불쾌감을 안겨 준 사람들의 행복을 빌어 주는 수행을 본격적으로 시작했다.

얼마 안 가 명단에 변화가 생기기 시작했다. 내게 불쾌감을 안겨 준 사람들이 더 이상 겁나지 않았다. 그 명단에 누가 있는지는 한동안 기억하고 있었지만 명단에 실린 감정은 사라져 버렸다. 지금은 누가 있었는지조차 기억나지 않는다.

착하다nice 역시 생소한 말이지만 호의friendly와 잘 어울리는 말이다. 나는 더 착한 사람이 되자고 참선을 시작하지는 않았다. 이미 착한 사람이라 생각했기 때문이다. 나는 덜 겁먹고 싶었다. 그럼에도 나는 더 착해졌다. 그리고 이제는 모든 것이 덜 겁난다.

내 시아버지와 대고모 새라

아주 좋아하는 사람들에게 자비와 선의를 베풀기는 쉽다. 반대로 내가 불만스레 생각하는 사람들에게 선의를 베풀기는 어렵다. 그렇지만 한 사람 한 사람에 대해 적어도 한 가지나마 좋은 면을 떠올리면 가능하다. 그럼으로써 가슴은 열린다. 중요한 것은 용서이다. 그러지 못하면 고통스럽다.

결혼한 지 한 달 뒤 나는 열아홉 번째 생일을 맞았는데, 그 날 대고모 새라가 벨뷰 병원에서 돌아가셨다. 오랫동안 병고를 겪은 끝이었다. 가장 가까운 친척인 내 친정아버지께서 외국에 계셨으므로 장례식은 내가 준비하게 됐다. 가까운 친척들은 내게 전화를 걸어, 대고모는 회비를 완납한 장례회 회원이었으므로 아무런 문제도 없을 것이라 안심시켰다. 실제 내가 할 일은 다음 날 아침에 장례회관에 나타나는 것뿐이었다. 나는 죽음이 무서웠고 장례를 치러 본 경험도 없어 어떻게 하면 좋을지 몰라 쩔쩔매고 있는데 시아버지께서 말씀하셨다. "내가 함께 가마."

장례회관은 음울하고 으스스한 기분이 들었다. 여자는 나뿐이었다. 친척이 아닌 나이 든 남자가 몇 명 있었는데, 기도에 필요한 남자 10명을 채우기 위한 듯했다. 나이 든 여자 두 사람이 뒤쪽 방에서 나와 건물 밖으로 나갔다. 그때 장례회관 책임자가 내게 다가오더니 "방금 그 여자분들은 매장을 위해 시신에 옷을 입힌 분들입니다. 이제 가족 가운데 여자 한 분이 시신을 검사해 주셔야 합니다." 하고 말하는 것이다. 그 말을 듣고 아마도 내 얼굴이 하얗게 질렸던 모양이다. 시아버지께서 말씀하셨다. "제가 시신을 검사하지요."

　　시아버지 해리 부어스타인은 그 뒤 15년을 더 사셨다. 그분에 대한 내 기억은 가물가물하고 막연하게 호감을 느끼는 정도지만, 장례회관에서 있었던 그 순간 그분에 대해 생각할 때면 나는 무한한 감사와 가슴 따뜻함을 느낀다. 혹시라도 그분이 내게 했음직한 부당한 말이나 생각 없는 행동이 기억나더라도, 그저 그 장례회관만 떠올리면, 그리고 "제가 시신을 검사하지요"라고 하셨던 말을 떠올리면 그분을 사랑하게 된다. 나는 그 순간을 소중히 간직하고 있다. 그분을 언제나 사랑하게 되는 마법의 열쇠이기 때문이다. 그리고 사랑할 때 나는 행복하다.

세상의 모든 사람을 사랑하는 것이 가장 쉬운 방법이다

　　시카고를 출발한 지 30분이 지났을 때 기장의 안내 방송이 흘러나왔다. "걱정할 일은 아닙니다만 수압장치 하나가 고장났습니다. 따라서 그대로 록키 산맥을 넘어가지 않고 시카고로 돌아가 수리하겠습니다." 그렇게 말하는 사이에 비행기는 커다랗게 원을 그리며 선회했다. "착륙까지는 30분 정도가 걸릴 예정입니다. 그 동안 자리에서 편안히 여행을 즐기시기 바랍니다."

　　"편안히?!" 안내 방송이 나왔을 때 나는 친구 조셉이 쓴 깨어있기 참선에 관한 신간을 읽고 있었다. 깨어있기는 현재의 경험을 명료하게 인식하는 것인데, 방송을 듣는 순간의 경험에 대한 나의 명료한 인식은 내가 불안해하고 있다는 사실이었다. 나는 관심을 딴 곳으로 돌릴 요량으로 다시 책을 집어 들었다. 조셉은 이렇게 썼다. "힘든 감정이 생겨나면 관심을 다른 곳으로 돌리려 하지 말라." 나는 "알았어, 조셉" 하고는 책을 덮었다.

　　나는 내가 무얼 해야 할지 생각해 보았다. 내가 죽을지도 모르는 상황이지만 거기에 대해서 달리 내가 할 수 있는 일은 없었다. 나는 날마다 하는 대로 가까운 친척들을 위한 자비기도를 올렸다. 내 기도에는 일정한 순서가 있다. "그레이스의 행복을 빕니다… 네이썬의 행복을 빕니다… 에릭의 행복을 빕니다… 레아… 콜란… 에마… 조한… 피타… 트리사… 리즈… 마이클… 새라… 세이머." 열세 사람이다. 기도를 끝냈을 때 우리는 여전히 순조롭게 비행하고 있었다. 나는 다시 한 번 기도를 했다. 마음이 점점 가라앉기 시작했다.

비행기는 천천히 하강하고 있었다. 모든 게 순조로워 보였지만, 안경과 신을 벗고 주머니에서 펜과 같은 뾰족한 물체를 모두 꺼내라는 안내 방송이 나왔다. 나는 기도 속의 열세 사람 말고도 건강하고 행복하기를 바라는 사람들을 생각하기 시작했다. 이름을 하나씩 떠올리며 기도했다. "미리암의 행복을 빕니다… 아론…, 유지니아…, 헬라…" 내 마음속에는 내가 사연을 알고 있는 사람들의 이름이 가득했고, 모두를 기도에 포함시키기 위해 점점 더 빨리 이름을 떠올렸다.

창 밖으로 지면이 점점 더 가까워지는 것이 보였다. 충격에 대비하는 자세를 취해 보이는 승무원들의 안내에 따라 우리는 모두 앞으로 몸을 움츠려 숙였다. 나는 생각했다. "일 분 뒤면 나는 죽었거나 살아 있겠지. 열세 명 기도를 한 번 더 할까? 내가 소중히 여기는 사람 가운데 빼먹은 사람은 없을까? 모든 이들의 행복을 빕니다! 모든 이들의 행복을 빕니다! 모든 이들의 행복을 빕니다!"

우리는 착륙했다. 브레이크가 작동했다. 비행기는 천천히 멈춰 섰다. 활주로에는 응급 차량이 비상등을 깜박이며 줄지어 있었으나 우리에게는 필요치 않았다. 나는 두 가지를 배웠다. 모든 사람들을 다 사랑하는 것이 특정한 사람들을 사랑하는 것보다 쉽다. 누가 목록에 있는지 누가 없는지, 누가 최우선 목록에 있는지 누가 다음 목록에 있는지를 기억할 필요가 없다. 게다가 누구를 잊어버릴 일도 없다.

또 한 가지 배운 것은 다른 사람들을 위해 열심히 사랑의 기도를 하면 자신의 두려움이 없어진다는 사실이다. 나는 내 주의를 딴 데로 돌리지 않았다. 나는 상황을 똑바로 알고 있었다. 그리고 그 상황에 꼭 들어맞는 공식을 알고 있었다. 그 뒤 얼마 동안 나는 생각했다. "사람들이 죽기 직전에 쓸 수 있도록 그 공식을 가르쳐야 되겠구나." 나중에 나는 보다 확실히 깨달았다. "모든 순간에 쓸 수 있도록 그 공식을 가르쳐야 되겠구나." 우리의 모든 순간은 죽기 전의 순간이며, 복을 빌어 주는 것은 그 순간을 가장 두려움 없이 보내는 방법이다. 말할 가치가 있는 유일한 말은 "당신을 사랑합니다"라는 생각이 든다.

연민

연민은 우리들이 서로 상관없는 별개의 존재라는 망상에 빠져 있지 않을 때 마음속에서 우러나오는 자연스런 반응이다. 전통적으로는 이를 다른 사람의 고통을 실감하는 "가슴 떨림"이라 표현한다. 나는 연민이란 나의 감정 체계가 다른 사람의 감정 체계와 공명共鳴함으로써 느끼는 것이라 생각한다. 그러자면 마음 상태가 고요해야 한다. 떨림은 미묘하기 때문이다.

한번은 와이오밍 주 라라미에서 아침 일찍 비행기를 탄 적이 있다. 30명을 대상으로 사흘 동안 주로 침묵으로 진행된 참선수행을 지도한 뒤였다. 나는 모든 사람의 경험에 열심히 주의를 기울였고, 수련회가 끝나고 일을 잘 해냈다는 만족감에 안도하고 있었다.

나이 지긋한 남녀가 내 옆 자리에 앉았고, 이륙하자마자 승무원이 아침 식사를 내왔다. "우리는 유대교식 아침 식사를 주문했습니다." 할아버지가 승무원에게 말했다. "확인해 볼게요." 승무원은 잠시 후 돌아와서는 사과했다. "손님 식사를 깜빡 잊고 기내에 싣지 않은 모양이에요. 일반 식사를 드릴 테니 드실 만한 게 있는지 보시겠어요?" "아니오." 노인이 말했다. "미안하지만 그건 안 되겠소." 나는 갑자기 눈물이 나기 시작했다.

내가 왜 그랬는지 나도 놀랐다. 그리 절박한 상황도 아니고 비행 시간이 오래 걸리는 것도 아니었다. 아마도 두 사람을 보자 내 할머니, 할아버지가 생각나 더 그랬던 모양이다. 그리고 나는 두 사람의 문제를 이해하고 있었다. 모르는 사람이 볼 때 두 사람의 상황이 이상하고 별나 보이겠지만, 그들 입장에서는 양보할 수 없는 부분이었다. 내 마음이 고요했기 때문에 나는 그들의 고통을 느낄 수 있었다.

고통은 어떤 것이든 그것을 느끼는 사람에게는 중요하다. 내가 어렸을 때 어른들은 저녁을 먹지 않는 아이들에게 이렇게 말하곤 했다. "굶주린 유럽 어린이들을 생각하렴." 나는 아무도 내게 그런 말을 하지 않았다는 사실을 감사히 여긴다. 나는 천성적으로 잘 안 먹는 아이였는데, 그러잖아도 불편한 마음에다 죄스럽고 창피한 마음까지 들었다면 더욱 스트레스를 받았을 것이다. 그렇게 말하는 사람들은 배고픔이 고통스럽다는 건 알지만 배고프지 않을 때 먹는 것 역시 고통스럽다는 사실은 잊어버린 것 같다. 고통은 고통이다. 거기에 등급을 매기는 것은 본질에서 벗어난 문제다.

우리는 고통을 우리 나름의 가치 기준에 따라 평가하지만 따지고 보면 하나의 의견에 지나지 않는다. "이건 중대한 고통이다" 혹은 "이건 사소한 고통이다" 하는 식이다. 누군가의 고통이 내 가슴에 와 닿지 않는다면 그것은 언제나 그 고통에 대해 내가 이미 판단을 내려 버렸기 때문이다. 어쩌면 그 사람의 상황이 너무도 끔찍해 나로서는 참을 수 없을 것 같아서, 그것을 부정함으로써 나 자신을 보호하려는 것인지도 모르겠다. 우리가 어릴 때 극장에서 무서운 장면을 볼 때에도 그랬다. 눈을 가리고 이렇게 말하는 것이다. "장면이 바뀌면 말해 줘." 나는 영화에서 지나치게 소름끼치는 장면이 나오면 지금도 눈을 가린다.

때로는 누군가의 고통이 내 가슴에 와 닿지 않는 이유가 그 고통 받는 당사자의 판단에 동의할 수 없기 때문이기도 하다. 나는 속으로 이렇게 생각하곤 했다. "당신이 겨우 이런 일 때문에 조바심을 내다니. 정말 걱정해야 되는 일은 그보다 훨씬 중요한 다른 문제잖아." 그러나 다른 사람이 걱정 "해야 될" 대상이 무엇인지를 제3자가 결정한다는 것은 말도 안 되는 애기다. 사람은 저마다 소중히 여기는 게 다르다. 나는 남들 기준으로 볼 때는 사소한 애착인데도 그 때문에 깊이 고통을 느끼고 있다는 사실을 깨닫고 창피하게 여긴 적이 있다. 다른 사람들의 책망을 기다릴 것도 없이 나는 스스로를 가혹하게 비판한다. "난 정말 이기적인 사람이구나! 세상이 엉망으로 돌아가고 있는데 이런 엉뚱한 일로 고민하고 있다니."

이 세상에는 고통이 너무나도 많아 그 많은 고통을 바로 인정하기란 쉽지 않다. 어쩌면 우리는 삶이 고해苦海라고 한 붓다의 말이 옳다는 집단적 경각심을 가지고 있고, 그래서 때때로 고통을 애서 최소화하려는 경향이 있기 때문인지도 모른다. 사람들은 좀더 넓은 관점에서 바라보면 위안이 될까 하여, 어려움에 빠진 친구들에게 좋은 뜻으로 말한다. "상황은 더 나쁠 수도 있어." "적어도 넌 건강하잖아." "적어도 경력은 남았잖아." "거기에(전쟁중인 나라에) 가 있는 것보다는 낫잖아." 아니면 궁극적인 영적 차원에서 비교하기도 한다. "우주 전체를 놓고 보면 이게 무슨 상관이 있겠어!" 이런 모든 말은 "굶주린 유럽 어린이들을 생각하렴" 하는 말을 어른들 수준으로 바꾼 것과 같다. 현재 겪고 있는 고통에다 수치심까지 주기 때문에 오히려 사정은 악화되고 만다.

물론 우주 전체를 놓고 보면 우리가 지금 가슴 깊이 겪고 있는 고통은 미미하고 중요하지 않은 것은 사실이다. 그런 차원에서 보면 모든 것이 똑같이 무의미하다. 이는 우리의 감정적 현실과 맞지 않는다. 우리에게는 저마다 특히 중요하게 느껴지는 사람이 있고, 특히 중요하게 생각하는 문제가 있기 마련이다. 또한 우리는 우주 전체에 걸쳐서 사는 게 아니다. 우리는 여기에서 살아간다.

우주 전체를 놓고 보는 관점을 기억하는 것, 달에서 보는 지구돋이를 기억하는 것, 모든 존재가 서로 연관되어 있음을 기억하는 것, 이런 기억들은 사실 우리가 고통을 직시할 수 있도록 도와준다. 어쩌면 이는 고통을 명료하게 인식하고 그것을 견뎌내는 데 필요한 관점인지도 모른다. 우리들 사이의 특별한 친화력을, 우리들 사이의 동질감을, 너무나도 절절하고 중요하게 여겨지는 저마다의 사연 속에 담긴 아픈 가슴을 기억함으로써, 우리는 서로 깊이 아끼고 친절을 베풀면서 이 세상 밖이 아닌 안에 머무르게 된다.

자연스런 행동으로서의 너그러움

나는 자의식이 전혀 없는 너그러움에 너무나 감동하곤 한다. 그것은 붓다가 말한 "별개로 존재하지 않는 자아"의 가장 구체적인 예이다. 물론 우리의 육신은 물리적인 의미에서 다른 육신과 분리되어 있으며, 서로 다른 시기에 서로 다른 곳에서 이 세상에 불쑥 들어왔다가 나간다. 그러나 이러한 모든 육신에 생기를 불어넣는 의식의 본질은 동일하다. 그 점을 의식하고 있으면 두려움은 사라지고 나눔은 그야말로 자연스런 행동이 된다.

체육관 탈의실에서 나보다 한참 어려 보이는 한 여자가 내 옆에서 옷을 갈아입고 있었다. 우리는 규칙적인 운동이 건강과 몸매에 도움이 된다는 이야기를 하고 있었는데, 그녀가 이렇게 덧붙였다. "몇 달 전에 수술을 받았는데, 제가 가운을 빨리 회복하는 것을 보고 담당 의사들도 놀라더라구요." "무슨 수술을 했는데요?" 내가 물었다. "언니에게 신장을 하나 떼어 줬어요. 당뇨병인데 신장이 필요했거든요."

그녀는 마치 "쓰지 않고 처박아 둔 자전거가 한 대 있어서요." 하는 정도의 말을 할 때처럼, 전혀 아무렇지도 않은 듯 말했다. 그냥 해야 하는 일을 했을 뿐이라는 투였다.

나는 붓다에 관한 이야기 중에서도 특히 한 가지를 오랫동안 생각해 왔다. 그의 여러 전생 가운데 한번은 낭떠러지 가장자리를 걷고 있었는데 밑에서 동물 우는 소리가 들려왔다. 밑을 내려다보니 새끼들을 거느린 어미 호랑이가 있었는데, 너무 허약하여 새끼들을 먹일 수조차 없을 정도였다. 이미 부처가 되는 길에 들어섰던 그는 곧장 뛰어내려 죽음으로써 새끼들의 먹이가 되었다고 한다.

이것은 너그러움에 대한 이야기이다. 그 당시 나로서는 이런 종류의 헌신이 저절로 생겨난다는 게 상상이 가지 않았다. 고민되었다.

하지만 이제는 상상이 간다. 나는 손자를 다섯 보았다. 그들을 위해서라면 나는 주저 없이 절벽에서 뛰어내릴 수 있다. 그다지 대단한 일도 아니라서 별로 자랑스럽게 생각하지도 않는다. 그렇게 하지 않기가 오히려 불가능하다. 그 다음 단계, 즉 모든 사람의 손자들이 내 손자들이라는 사실을 언제나 기억할 수 있다면 그것이야말로 나에게는 대단한 일이 될 것이다. 누구의 손자든 간에 모두의 손자인 것이다.

꼭 자식이나 손자손녀가 있어야 이를 실감할 수 있는 것은 아니다. 이는 "별개로 존재하지 않는 자아"가 지니는 진리로서, 주의 깊게 살펴보면 저절로 드러난다. 재난이 벌어질 때 이런 일이 곧잘 일어나는 것을 볼 수 있다. 포토맥 강에 비행기가 추락했을 때, 그곳을 지나던 사람들은 아는 사람이 그 안에 있어서가 아닌 그저 도움을 필요로 하는 사람들이 있다는 이유만으로 얼음 떠다니는 강 속으로 뛰어들었다. 무역센터에 불이 났을 때, 사람들은 휠체어를 타는 동료 한 사람을 들처업고 67층을 내려왔다. 자신이 위험에 처할 수 있음에도 아랑곳하지 않고 취한 행동이다. "나는 영웅이 될 거야" 혹은 "이량을 베풀어야지" 하고 생각하는 사람은 아무도 없다. 주의 깊게 살펴볼 때 우리는 모두 서로의 일부분이라는 사실을 깨닫고 남을 돌본다. 어쩌면 너그러움은 주는 사람과 받는 사람이 있다고 생각할 때 쓰는 말일 것 같다. 자연스럽고 절로 우러나는 나눔의 행위는 "연민"이라 부른다.

예전에 나는 모든 존재를 내 가족으로 보기 시작하면 큰 부담이 될 것이라 생각했다. 사실은 그 반대이다. 아는 사람이 뭔가 훌륭한 일을 하고 있다면 나는 그 일을 하고 있을 필요를 느끼지 않는다. 그 사람이 나 대신 또는 나의 자격으로 그 일을 하고, 그럼으로써 내가 그 일을 하지 않아도 되게 해 주는 것이다. 메리와 코드런은 나 대신 수녀가 되었고, 알렉스는 나 대신 오지에 있는 학교의 교사가 되었으며, 이착 펄만은 바이올린을 연주하는 나이기도 하고, 조 몬타나도 내가 될 수 있다. 그의 어머니도 마찬가지다.

함께 기뻐하는 마음

월요일 밤에 샌프란시스코 포타나이너즈 팀과 뉴올리언스 세인츠 팀간의 미식축구 경기가 있었다. 하프타임 동안 알 마이클스가 샌프란시스코 팀의 와이드 리시버인 제리 라이스를 인터뷰했고, 두 사람은 제리가 보유한 여러 가지 경기 기록에 대해 이야기했다. 알이 물었다. "은퇴하기 전에 어떤 기록을 또 세우고 싶습니까?" 제리는 미소지으며 말했다. "모두 세우고 싶습니다." 그러자 알이 물었다. "선수 생활 동안 맞이한 최고의 순간 가운데 언제가 가장 기억에 남습니까?" "수퍼보울 XXIII에서 우승했을 때입니다. 제가 처음 수퍼보울에 출장했던 때인데요, 경기 종료 2분을 남겨 놓고 조 몬타나가 엔드존에 있는 존 테일러에게 패스했습니다. 존 테일러가 그 공을 잡았는데, 마치 제가 잡은 것 같은 기분이 들더군요."

이것이 함께(또는 남을 위해) 기뻐하는 마음이다. 그 순간의 즐거움에 겨워, 기쁨의 초점이 어디에 있는지는 중요하지 않게 된다. 모두가 똑같이 만족감을 나누는 것이다.

한번은 달라이 라마가 다른 사람의 행운을 나의 행복과 같은 수준으로 중시하는 것이 얼마나 합리적인 일인지 설명하는 것을 들은 적이 있다. 다른 사람들이 너무나도 많기 때문에, 그들의 기쁨을 자신의 깃으로 경험하면 기쁨을 누릴 가능성이 무한히 늘어난다는 것이다. 지구에서는 내가 즐거움을 느낄 확률이 55억 배로 늘어나는 셈이다. 어마어마한 확률이다!

남을 위해 기뻐하는 마음은 고통이 아니라 즐거움을 통한 것이므로 쉽게 느껴진다. 그러나 실제는 그보다는 좀더 복잡하다. 나는 우리가 이타심에 가까운 기쁨을 자주 느낀다고 생각한다. 누군가에게 아주 좋은 일이 생긴다. 우리는 진정으로 기쁨을 느낀다. 그러다가 마음속에 이런 생각이 떠오른다. "나한테도 저런 일이 생기면 얼마나 좋을까." 즉, 전적으로 만족한 것은 아니다.

복권 광고에서 현관문을 열고 나온 여자에게 1천만 달러 짜리 수표를 건네는 장면을 볼 때 내 마음에도 그런 생각이 떠오르는 것이 보인다. 놀란 당첨자가 기쁜 나머지 웃고 울고 하는 것을 보면서 나는 잠시 동안 진정으로 기쁨을 느낀다. 그러다가 이런 생각을 한다. "나한테 저런 일이 생기면 어떻게 할까?"

나는 얼른 스스로를 일깨운다. "대부분은 기부하겠지. 적어도 75퍼센트 정도는 해야지. 한 50퍼센트만 할까. 나머지는 아이들에게 줘야지. 주택 융자금을 다 갚을 수 있을 테니까." 그러다가 기억이 난다. "융자금은 잘 갚아 나가고 있잖아. 신탁회사에 맡겨서 손자손녀들의 대학교육비로 쓰는 게 좋겠어." 이어 생각한다. "가만, 콜린이 대학교에 가려면 적어도 10년은 더 있어야 되잖아. 그때 세상이 어떻게 될지 대학교는 또 어떻게 달라질지 누가 안담. 그냥 세이머와 둘이서 3개월 짜리 화물선 세계 일주 여행이나 가는 게 좋겠다. 아, 그건 안 되겠구나. 그이는 배 멀미를 하잖아!"

남을 위한 기쁨으로 가득하던 마음이, 몇 초만에 어디에서 생겨났는지도 모를 개인적인 즐거움을 위한 계획으로 가득 찬다. 그 사람이 텔레비전에서 수표를 들고 나타나기 전에만 해도 나는 퍽 만족한 기분으로 지내고 있었다. 그렇지만 마음이 완전히 맑고 편안한 상태가 아닐 때 약간 더

만족을 얻으려는 생각이 고개를 드는 것은 마음의 본성이라는 생각이 든다.

우리는 우리의 행운을 전해 듣고 축하해 주고 있는 사람들이 자기에게도 그런 행운이 있었으면 하고 바랄 것이라 짐작한다. 어쩌면 그들에게도 같은 행운이 있기를 빌어 줄 때, 우리는 우리 자신의 즐거움을 인정하는 한편 그들이 부러움 때문에 느끼고 있을지도 모르는 죄책감을 덜어 주는 것은 아닐까. 나는 이 사실을 어릴 때 어느 결혼식에 참석했다가 우연이 누군가 하는 대화를 듣고 알게 됐다. 미혼인 딸이 있는 어머니는 신부의 어머니를 안으며 이렇게 말한다. "앞으로 이 일로 계속 기쁨을 누리세요." 그러면 신부의 어머니는 이렇게 답한다. "이 일이 당신의 딸에게도 생겨나기를 바래요." 그러면 미혼의 어머니가 이렇게 말한다. "당신의 기도를 하느님께서 들어주시길!"

나는 내게 일어났으면 하던 일이 다른 사람에게 일어났다는 소식을 듣는 그 짧은 순간에 부러움을 느끼기 시작했음을 발견하고는, 창피하다 못해 죄책감마저 들기도 했다. 나는 이렇게 생각하며 나 자신을 꾸짖는다. "도대체 어떻게 된 거야, 실비아! 네 잔이 넘치는구나. 어떻게 그런 생각을 할 수 있나?" 이는 잔이 넘치느냐 아니냐 하는 문제가 아니다. 세상은 멋진 것들로 가득 차 있어서, 잔에 담을 것에는 끝이 없다. 이는 명료하게 인식하는가 하는 문제이다. 명료하게 인식할 때 우리는 잔이 하나뿐임이 보인다. 수퍼보울 XXIII에서 조 몬타나가 터치다운을 위해 패스했을 때 존 테일러는 꼭 맞는 위치에 있었다. 제리 라이스의 마음 또한 꼭 맞는 위치에 있었다.

평정심에는 모든 것이 가득하다

사람들은 종종 평온하면서 열정적인 것이 가능한지 묻는다. 나는 가능하다고 믿는다. 나는 그렇게 될 생각이다. 이런 의문이 드는 것은 사람들이 차분함을 평온함과 혼동하고 고요함을 평정함으로 혼동하기 때문인 것 같다. 평온함은 "노엽지 않음"이라는 뜻이다. 평정함은 "균형 잡힘"이라는 뜻이다. 둘 모두 "허투루"가 아니다!

불교 수행을 시작하던 무렵 나는 감정이 없는 사람이 되지나 않을까 무척 걱정하곤 했다. 마치 증기 롤러차가 가슴을 납작하게 눌러 버린 듯 어떤 상황에서도 감응이 없는 사람이 되지나 않을까 생각했던 것이다. 나 역시 흔히들 지니고 있는 오해를 품고 있었던 것이다. 즉 정신적이란 "조용하고 고요한" 상태를 말한다는 오해이다. 집중해서 참선 수행한 사람들이 "성에 대한 관심이 사라져 남매처럼 함께 살았다"는 이야기를 스승으로부터 듣고는 내 짐작이 맞았구나 하고 생각했다. 내가 걱정한 까닭은 깨달음을 얻고는 싶었지만 그런 일이 내게 벌어지는 것은 원하지 않았기 때문이었다.

침착하고 고요함은 훌륭한 마음 상태이고, 나아가 평탄하고 부드럽다는 공통점이 있다. 이런 잔잔한 요소는 활력이 넘치고 흥미에 이끌리며 열광하는 상태에 대해 상대적으로 균형을 잡아 주는 마음의 중요한 인자이다. 그것은 명료하게 인식하고 이해하는 상태에 도달할 수 있게 도와준다. 그러나 침착하고 고요함이 수행의 목표는 아니다. 적어도 내게는 그렇다. 나는 흥분할 수 있기를 바란다. 우리가 중요하게 의미를 부여하지 않는 한 모든 것이 공허하고 무의미하다는 것을 깊이 깨달을수록 나는 더욱 의미를 부여하고 싶다. 나는 이 곳에서 삶을 살고 있다. 나는 이것이 그저 영화일 뿐이라는 것을 기억하고 싶고, 진짜인 것처럼 살고 싶다.

8년 전 어느 날 오후, 나는 캘리포니아에서 그 해에 가장 긴 수련회를 지도하게 되어 있었는데, 뜻밖에 딸 에밀리가 불쑥 찾아왔다.

"엄마 아빠가 오늘 저녁 나랑 조한에게 한턱 내지 않으실래요?" 에밀리가 물었다. "그러고 싶지만 오늘은 안 돼. 오늘 저녁에 수련회가 시작되는데, 참가하기로 이미 약속이 되어 있거든." 나는 설명했다. "저녁을 사 주고 싶지 않은 건 아니라구요?" "아니. 사 주고 싶지만 그럴 수가 없어. 수련회를 지도해야 되니까 말이야." "처음으로 할머니가 되는데도 축하턱을 낼 수 없단 말이죠?"

나는 기쁨에 겨워 절로 소리를 질렀다. 거의 제 정신이 아니었고 너무 기쁜 나머지 펄쩍펄쩍 뛰어다녔다. 그때 전화벨이 울렸다. 친구 알타였다. "말이 안 나와요. 너무 흥분해서요!" 나의 모습을 지켜보던 에밀리는 놀리듯 웃으며 말했다. "비디오 카메라를 가져오지 않은 게 너무 아쉽네요." 우리 네 사람은 함께 외식하러 나갔고, 그런 다음 나는 수련회에 가서 첫 수업을 진행할 수 있었다.

나는 예전보다 더 열정적인 사람이 되었다. 수행한다고 열정이 줄어든 건 아니다. 나는 기쁨을 자주 느끼고 그럴 때면 나는 그 기쁨에 흠뻑 빠진다. 슬플 때에는 잘 운다. 대단해진 건 아무 것도 없다. 모든 것은 그대로이다. 그리고는 뭔가 다른 게 있는 것이다.

지난 일은 지난 일

내게 처음으로 불도를 가르쳐 준 스승들 가운데 한 분은 '지금 이 순간'에 주의를 기울이라는 뜻에서 네 낱말로 된 구절 하나를 내게 들려 주었다. "지난 일은 지난 일." 이 책이 막바지에 접어들자, '이제 다 썼구나' 하는 생각이 언제 들지 궁금했다. 나는 이야기를 들려 주기 좋아하며, 나의 매일 매일이 하나의 새로운 이야기였다.

나는 나의 스승이자 좋은 친구인 잭과 예전에 나누었던 대화를 떠올렸다.

"정신적 열정을 잃어버려 걱정돼요." 내가 말했다. "행복의 공식은 이제 이해한 것 같아요. 앞으로 평생 동안 그걸 수행해야 되겠죠. 그렇지만 더 이상은 물어 볼 필요가 없다는 느낌이 들거든요."

"괜찮은 것 같은데요." 그가 대답했다. "내용을 다 전해 듣고 나면 전화를 끊잖아요."

내가 이 책에서 전달하고자 하는 내용이 두 가지 있었다. 하나는 정신적인 삶에 대한 것이다. 나는 그것이 평범한 거라고 생각한다. 사람들은 보통 그렇게 살고 있으면서도 자신이 그렇게 살고 있다는 사실조차 모른다. 일상적인 기쁨과 슬픔이 있는 평범한 삶 가운데 호의를 베풀며 친절하고 행복하게 살아가는 것이다.

두 번째 내용은 지혜를 가르치는 스승에 대한 것이다. 어디를 가나 그런 스승이 있다. 나는 이 책을 써 나가면서 내가 비행기 안에서 만난 스승이 많다는 사실을 알게 되었다. 나는 "비행기는 나를 새로운 곳으로

데려다 주니까" 또는 "비행기는 위로 높이 올라가니까" 하는 식의 상징적인 의미를 잠깐 동안 생각했지만, 그런 것은 마음이 엮어 내는 부수적인 겉치레임을 알고 있다. 내가 비행기에서 스승을 많이 만난 것은 내가 비행기를 많이 타기 때문이다. 모두가 스승이다. 나는 이렇게 생각한다. "항상 모든 사람에게 주의를 기울여라. 모두가 어느 정도는 붓다이기 때문이다."

잭의 조언은 역으로 해도 진리이다. "내용을 다 전달하고 나면 전화를 끊는다." 나는 이제 내용을 다 전달한 것 같다.

옮긴이의 말

금강경에 이런 말이 있다. "이 설법을 듣고 놀라거나 두려워하지 않는다면, 그 사람이 야말로 아주 드문 사람이다." 불경을 읽다 보면 우리가 지금껏 진리라 믿고 있던 것, 최고의 가치를 두고 추구하던 것 등이 뿌리부터 잘못되어 있었음을 깨닫게 된다. 그러나 대개의 경우 그런 것을 선뜻 받아들이지 못한다. 영화 「매트릭스」의 주인공이 자신이 살던 세계가 가상현실이었다는 것을 깨닫고 충격을 받는 것도 바로 이런 맥락이다.

    이 책의 저자는 불경을 접해 본 적이 없는 사람이 처음 받는 이러한 충격을 최소화시키는 데에 힘을 많이 쏟은 것 같다. 일상생활 속의 에피소드로 워밍업부터 시킨 다음 부드럽게 깨달음으로 안내해 가는 식이다. 게다가 거창하게만 들리던 "참선"도 저자의 안내에 따르면 현실에 등을 돌리지 않고도 가능하다는 것을 알 수 있다.

    모든 것은 끊임없이 변한다. 그러나 우리는 눈에 보이는 것, 귀로 들은 것, 몸으로 느낀 것, 생각으로 분별한 것 등에 곧잘 얽매이곤 한다. 거기에 얽매여 있는 한 참된 자유를 누릴 수 없고 그 형태에 집착하는 순간부터 괴로움이 생긴다. 그렇다면 그 모든 것이 고정된 형태로 실재한다는 착각에서 벗어나는 방법이 있을까? 있다. 이 책에서 실비아는 "외부적인 사건 그 자체가 아니라 그 사건을 받아들이는 마음의 필터를 관찰해 보라"고 충고한다. 즉, 대상을 보고 있는 바로 그 "마음"을 들여다보라는 것이다. 자신의 마음을 관찰하는 것이 바로 불교 수행의 핵심이라고 한다. 불교의 기본 교리인 네 가지 진리(苦, 集, 滅, 道) 중 앞의 세 가지는 결국 마음을 관찰하는 수행을 하다보면 눈앞에 펼쳐지는 파노라마다. 인생살이에 꼭 끼어드는 것이 괴로움(苦)인데, 그것을 관찰하다 보면 그 괴로움을 유발시키는 것이 바로 집착(集)이라는 것을 깨닫게 되고, 그래서 집착을 버리면 절대자유의 경지인 니르바나(滅)에 이른다. 집착을 끊고 니르바나에 이르는 방법(道)은 이 책에서 지은이가 친절하게 설명하고 있다.

2002년 3월 / 옮긴이 권국성

이른과심장의 이하 붓다 시리즈

그대가 깨닫는 첫 모두 그대 안에 있다 붓다고를 일고자 하는 이들에게 뿐 아니라 현실 속에서 고뇌하는 지아 상실감을 느끼는 모든 이들에게, 나무나 쉽고 정명하게 깨달음의 진리를 깨우치게 한다. 스티브 헤이즈 지음 | 송현주 옮김 | 국판 272쪽 | 값 8,000원

붓다는 있다 누구나 붓고의 본질을 이해할 수 있도록 쉽게 쓰여진 붓고 입문서. 이 책은 종교로서가 아닌 붓다의 기르침의 근원을 깨우침으로써 답라이에 빠져 있는 우리의 묵이를 명쾌히 해갈시켜 준다. 스티브 헤이즈 지음 | 국판 216쪽 | 값 8,000원

달라이라마, 자유로운 길 이 시대의 가장 위대한 정신적 스승이자 정치적 지도자도 추앙 받는 제14대 달라이 라마, 텐진 가쵸Tenzin Gyatso. 그가 쉽고도 아름다운 언어로서 불교에서 말하는 깨달음으로 기는 길을 우리를 인내해 준다. 답라이라마 지음 | 김도은 옮김 | 국판 228쪽 | 값 8,000원